BURKHARD THOM
MEIN HUND HEISST NEIN!

Burkhard Thom

Mein Hund heißt „NEIN!"

Kurzgeschichten für Urlaub, Freizeit und zum Vergnügen

44 Kurzgeschichten für einen guten Zweck

© 2017 AAVAA Verlag

Alle Rechte vorbehalten

1. Auflage 2017

Titelfoto: Burkhard Thom
Rückseitenfoto: Fotolia (Dora Zett)
Umschlaggestaltung: Werbestudio Knoblich, Braunschweig
Innenfotos: die jeweiligen Autoren
Lektorat: Klarissa Klein

Printed in Germany

Taschenbuch: ISBN 978-3-8459-2322-2
Großdruck: ISBN 978-3-8459-2323-9
eBook epub: ISBN 978-3-8459-2324-6
eBook PDF: ISBN 978-3-8459-2325-3
Sonderdruck   Mini-Buch ohne ISBN

AAVAA Verlag, Hohen Neuendorf, bei Berlin
www.aavaa-verlag.com

Wir schenken unseren Hunden ein klein wenig Liebe und Zeit. Dafür schenken sie uns restlos alles, was sie zu bieten haben. Es ist zweifellos das beste Geschäft, was der Mensch je gemacht hat.

Roger Caras

Ich habe große Achtung vor der Menschenkenntnis meines Hundes, er ist schneller und gründlicher als ich.

Fürst Bismarck

Als wir uns vor einigen Monaten entschlossen den Kurzgeschichtenband „Best of Issn´ Rüde … und andere Geschichten" zu veröffentlichen, ahnten wir nicht wie begierig die Leser die Geschichten der 19 Autoren aufnehmen würden. Bei der Zusammensetzung des ersten Bandes bemühten wir uns um eine gewisse Chronologie und einen roten Faden. Von der Geburt der Welpen, über die Ausbildung in Hundeschulen, bis hin zum Weg auf die andere Seite des Regenbogens, alles sollte seine Ordnung haben und geordnet lesbar sein.

Aber das Leben unserer Vierbeiner ist anders, wenig planbar und immer emotional. Manchmal, in Ausnahmefällen, endet das Leben bereits nach wenigen Jahren oder aber es dauert viel länger als erwartet werden durfte.

Die Erlebnisse reichen von bunt und stimmungsvoll, über tief traurig und facettenreich bis hin zum Verstehen von hoch und tiefenbegabten Lebewesen auf vier zunächst wackeligen Beinchen. Es beginnt mit der Erziehung und so mancher Hund, gerade aus seinem Wurf entnommen und in die Familie gebracht, glaubt in den ersten Tagen das sein Name „Nein!" ist. Unzählige Verbote und Erziehungsversuche ebnen den Weg in eine reibungslose Hund- / Mensch-Beziehung und manchmal setzt sich auch der Mensch durch. Kurzgeschichten müssen nicht immer kurz sein, besondere Ereignisse stehen im Mittelpunkt der Geschichten, die Themen kommen aus dem täglichen Leben und der Leser kann schnell herausfinden ob ihm die Geschichte gefällt oder nicht.

Ob aus einer Rassezucht, einem Tierheim, aus Auffangstationen oder einer Tötungsstation, die Geschichten unserer 18 Autoren eignen sich zum kurzfristigen Verzehr, im Wartezimmer beim Tierarzt, als Gute-Nacht – Lektüre, aber auch als willkommene Entspannung im Urlaub oder auf der Reise. Es handelt sich um leichte, amüsante, lehrreiche und spannende Kost für „Zwischendurch". Einfach mal eintauchen in das bunte Leben des besten Freundes der Menschen.

Beiträge:

Der Kamin & Das Sofa – Paul Neuenhofer
Beißen – Donata Godlewska
Anleitung gegen Regengassi – Jasmin Sachse
Der Dicke – Steffi Goldkuhle
Ein perfekter Tag – Katja Breuer
Größenwahn in Reinkultur – Steffi Goldkuhle
Gassi ziehen – Antonietta Matteo
Ein Kater für George – Katja Breuer
Rex und die Sprache – Herta Sartour
Silvesterböller – Horst Knoblich
Trauer – Donata Godlewska
Pitbullcrime – Jessica Rösler
Unsere Autoren stellen sich vor

Die Protagonisten aus dem ersten Band
AAVAA Verlag

Ein Schwein namens „Nein!"

(Bild & Text: Donata Godlewska)

Ich fühl mich wie ein armes Schwein, was für ein Name kann das sein?
Denn Frauchen sagt zu mir stets nein …
Einmal habe ich selbstvergessen, den halben Restmüll aufgefressen
schon rief das Frauchen ganz gemein:
«Nein! Dummer Hund lass das schnell sein!»
Ein andermal war ich so nett,
ich brachte ihre Schuh ans Bett,
doch Frauchen sah das mit Entsetzen,
denn ihre Schuhe waren Fetzen:
Nein – rief sie völlig durcheinander - die Schuhe war `n von Salamander!
Ich wusel gerne durch den Wald und angegrenzt an Baum und Biege,
liegt eine große Pferdewiese!
Eh Frauchen es bemerken kann,
fress' ich die Pferdeäppel an,
Nein – schallt's wieder durch den Wald …
bist du denn völlig durchgeknallt?
Ganz müde von dem vielen Toben,
schlepp ich mich hinter Frauchen her,
ein Königreich für eine Pfütze …
Ich wüsste gern wo eine wär.
schon sehe ich das, was ich brauche, die Pfütze riecht köstlich nach
Jauche,
genussvoll springe ich hinein,
und wieder tönt ein lautes Nein!
Nach einem Tag so schön wie diesen
kann ich ihr Schimpfen nicht verstehn,
Ich wollte ihr nur Freude machen - sie hat es aber nicht gesehn,
so warte ich auf ihr Erbarmen
und winsel sie verzweifelt an,
sie nimmt mich fest in ihre Arme,
zieht mich sanft zu sich heran:

Was immer du auch angestellt …
Du bist der beste Hund der Welt!

Von der Entscheidung, es kommt ein Hund ins Haus, bis zur letzten Konsequenz, der Ankunft im neuen Heim, vergehen oft Wochen und Monate. Das Für und Wider wird sorgfältig abgewogen, das Pro und Kontra besprochen und die jeweiligen Argumente werden von den Familienmitgliedern sorgfältig diskutiert. Dabei nimmt die Entscheidungsfindung teilweise skurrile Formen an, die Namensgebung ohnehin und selbst über Farbe und Aussehen wird ausgiebig debattiert. In den meisten Fällen allerdings nimmt das Schicksal seinen Lauf. In dem Moment, wenn man den Zwinger betritt, den Wurf zum ersten Mal sieht und sein Herz verliert. Alle guten Vorsätze, logische Gedanken und Pläne fallen in sich zusammen wie ein Kartenhaus. Der Welpe sucht sich sein Herrchen aus!

Ein Neuer muss her

(Text & Bild: Horst Knoblich)

«Wie soll er denn heißen?», will Michaela wissen. Etwas überrumpelt von der plötzlichen Frage, sehe ich meine bessere Hälfte ratlos an. «Mein Schatz, ich werde dich zu gegebener Zeit informieren.»

Ich grübele, überlege, schreibe mir alle möglichen und unmöglichen Namen und deren Kombinationen auf.

Ein Name mit Schnee wäre nicht schlecht. Aber auf Deutsch ist das alles blöd. Kroatisch? Kroatisch ist gut. Schnee, Schneemann, -flocke, -sturm. Kroatisch ist nicht gut. Hört sich nicht gut an oder viel ist zu lang (snježna pahuljica = Schneeflocke).

Türkisch? Unsere Freundin, die ich um Amtshilfe ersuche, rät ab. «Klingt nicht gut, zu hart.» (Kar fırtınası = Schneesturm)

Die Zeit vergeht, die Namensgebung ist meinerseits etwas in Vergessenheit geraten.

«Hast du dir schon einen Namen ausgedacht?»

«Ja und nein.»

«Was heißt das jetzt wieder?»

«Das ich so ungefähr weiß, wie er heißen soll, mir aber noch nicht ganz einig bin.»

«In welche Richtung geht es denn - so ungefähr?»

«Möchte ich noch nichts zu sagen, bis ich mir nicht endgültig sicher bin.»

«Aha, möchtest du noch nicht.»

«Ja, nee.»

Tage später sieht mich Michaela an, schaut mir tief in die Augen. «Und?»

«Ich weiß nichts, such du einen aus.»

«Louis!»

Das kam sehr schnell.

«Mit o-u oder nur mit u?»

«O-U.»

«Louis also. Louis, Louis, Loouuuuies, LOUIS!»

«Alles ok mit dir?»

«Aber ja, auf jeden Fall.»

Rückblick:

Unser Leo ist im Dezember '12 verstorben. Die Trauer war groß, die Lücke, die der Kerl hinterließ, noch viel größer. Was sollten wir anfangen mit unserer wiedergewonnenen Freiheit? Klar, wir konnten auf einmal wieder tun und lassen was wir wollten, mussten auf keinen Hund Rücksicht nehmen, konnten überall rein und das auch noch zusammen, konnten spontan länger wegbleiben, unserer Lieblingsinsel Kreta und unseren dortigen Freunden endlich mal wieder einen Besuch abstatten, sonntagmorgens so lange im Bett liegen bleiben, wie wir lustig waren. Kurz: Das pralle Leben hatte uns wieder.

Die ersten Monate nach Leo waren erfüllt mit Erinnerungen an einen lieb gewordenen Vierbeiner. Der Weg zur Arbeit führte unweigerlich an all den Stellen vorbei, wo Leo gespielt hatte, wo sein Revier war, wo wir unsere Runden gedreht hatten. Sahen wir einen Baum, wussten wir gleich eine Geschichte dazu zu erzählen. Der kleine Fluss in dem er so gerne gebadet hat, die Wiese, über die er so oft geflitzt ist, die vielen Hundebekanntschaften, die uns immer noch grüßen. All das Erinnerungen an neun wunderbare Jahre mit dem Löken (der kleinen Hunden gerne mal viel Platz machte), dem Katzenschreck (der selber Schiss vor Katzen hatte), dem strahlend weißen Hund (der gerne mal sich und alles so richtig einsaute).

Es tat weh.

Ein neuer Hund kam überhaupt nicht in Frage. Auf gar keinen Fall.

Lange Zeit vor Leos Tod habe ich darüber schon mit Michaela und später auch mit meinem besten Freund gesprochen. Irgendwie sind wir auf dieses Thema 'Hund danach' gekommen. Ich habe damals kategorisch abgelehnt, nach Leo noch jemals einen weiteren Hund haben zu wollen.

«Jetzt lass Leo zwölf werden - seine Eltern sind beide zwölf und dreizehn geworden - rechne mal nach, wie alt ich dann sein werde. Und pack dann noch einmal weitere zwölf Jahre oben drauf. Ich gehe an Krücken mit einem Jungspund durch den Wald. Nein. Danke. Da werde ich dem Hund ja nicht gerecht.»

Ungefähr ein dreiviertel Jahr nach Leos Tod beschlich zunächst mich, dann uns, doch der Gedanke an einen neuen Hund.

«Bist du sicher, dass du einen neuen Hund haben willst? Überleg doch mal, wie gut es uns jetzt geht, was wir alles unternehmen können, hinfahren, ansehen, machen, hinreisen ...»

«Ja, ich bin mir sicher. Ja, ich weiß, was wir alles aufgeben, wenn da ein neuer Hund rumwuselt. Und nein, ich bedaure es nicht die wiedererlangte Freiheit erneut gegen eine Fellnase einzutauschen.»

Michaela sah mich an und ich blickte in ihre Augen. Und ganz tief da drin sah ich, dass auch sie wieder einen haben wollte.

«Du möchtest doch auch wieder einen haben? Stimmt's? ... Stimmt doch, oder?»

«Ja, hast ja Recht.»

Unsere beiden Augen schimmerten feucht, nicht nur vor Vorfreude auf den zukünftigen Hund, sondern auch in Erinnerung an Leo. War das fair ihm gegenüber? Würden wir dem Zukünftigen gerecht werden?

Ja, ja und noch mal ja!

Sicherlich wird es Situationen geben in denen wir sagen werden, Leo hätte das und das niemals ... Leo hätte das so und so gemacht, Leo so und Leo da. Das bleibt bestimmt nicht aus, auch wenn wir es nicht wollen.

(Fast in der) Gegenwart.

Wir kommen aus unserem Kroatienurlaub zurück nach Braunschweig. Die Autobahn geht in die Stadtautobahn über und endet (in unserem Fall) direkt vor einem großen Einkaufscenter.

«Sag mal, wollen wir nicht gleich noch einkaufen?», will ich wissen.

«Dann müssen wir morgen nicht mehr los. Was meinst du?»

Eifriges Nicken. Mit dem gefüllten Einkaufswagen steuern wir auf unser Auto zu, als mir ein VW-Bus auffällt.

Ich stoße Michaela an: « Sieh' mal. Kennst du den da?»

«Klar – Hans. Was macht der denn hier?»

Wir gehen rüber und begrüßen ihn.

«Grüß dich, Hans. Was machst du denn hier in Braunschweig? Was für ein Zufall. Wir kommen eben gerade aus dem Urlaub und mussten schnell noch einkaufen.»

«Hey, das ist ja eine Überraschung. Ich habe heute in Braunschweig mal wieder zu tun gehabt. ... wollt ihr nicht einen neuen Hund haben?»

Die Frage war nicht wirklich ernst gemeint. Oder doch?

«Ich habe gerade zwei Welpen dabei. Möchtet ihr sie sehen?»

«Äh, ja klar. Lass sehen.»

Hans öffnet die Schiebetür und zwei Welpen drängeln gleich ins Freie. Ein schlanker Rüde springt hinterher und umrundet uns sofort, eine Hündin sieht uns nur neugierig an, bleibt aber im Wagen liegen.

«Darf ich vorstellen: Hermann, mein neuer Zuchtrüde und das sind seine beiden Töchter. Das Ganze war ein 'Unfall', Hermann sollte noch gar nicht decken. Aber rausgekommen sind zwei hübsche Mädchen.»

«Nur die zwei?»

Hans nickt und ruft Hermann zurück.

Hermann, ein wirklich schönes Tier, macht auf dem Absatz kehrt und kommt zu uns zurück.

«Hans, da hast du Pech. Wir überlegen zwar, ob wir wieder einen haben wollen, aber wenn, dann nur einen Rüden», verneint Michaela seine Frage von eben.

«Wenn wir uns einig sind, dass wir einen haben wollen, melden wir uns», schiebt sie nach.

Geraume Zeit später sind wir uns endgültig sicher: ja, wir wollen wieder einen Hund haben. Bleibt nur noch die Frage nach dem Wann.

«Wir wollen doch noch nach Kreta fliegen und ein paar andere Sachen machen. Da wäre es nicht klug, wenn wir jetzt schon einen hätten. Außerdem wissen wir gar nicht, ob Hans beziehungsweise Hermann Nachwuchs hat. Aber ich habe seine Telefonnummer. Ich werde bei ihm anrufen und nachfragen, dann wissen wir mehr.»

Das Telefonat ergab, dass Hermann nicht dazu kam Nachwuchs zu zeugen, da es sich irgendwie nicht ergab, die 'Richtige' nicht läufig war und es zum Ende des Jahres sowieso keine Welpen geben soll. Wo sollten die denn auch bleiben? Draußen ist es zu kalt für die Kleinen und im Haus möchte Hans keine Hunde haben.

Aha.

Wir sollten doch bitte schön Mitte Januar noch einmal anrufen, dann könne er eventuell schon mehr sagen.

Aha.

Anfang Januar 2015 (Gegenwart)

Telefondrähte glühen. Es gibt Neues von der Welpenfront. Hans hat bei uns angerufen und Michaela mitgeteilt, dass Hermann aktiv war und die Hündin trächtig ist. Der Termin könnte der 22. Januar sein.

Momente später klingelt mein Telefon und ich werde auf den neuesten Schwangerschaftsstand gebracht.

«Hans hat eben angerufen. Es ist bald soweit. Er ist am Wochenende hier in Braunschweig. Du kannst ja am Samstag mit ihm reden. Ist das nicht toll?»

Am Samstagnachmittag begebe ich mich in die Stadt. Es stürmt und es nieselt. Das Thermometer zeigt zwölf Grad plus. Genauso muss es ja im Winter sein. Ich gehe zu den üblichen Cafés, wo Hans immer zu finden ist. Nichts. Der Sturm fegt durch die Straßen und treibt Menschen und leere Plastiktüten vor sich her.

«Er wird bestimmt nicht gekommen sein», überlege ich mir, greife zum Telefon und wähle seine Nummer.

Es klingelt ein paar Mal dann meldet sich Hans. Es hört sich an, als stünde er in einer Halle.

«Hallo Hans, Horst hier. Ich suche dich, wo bist du denn.»

«Ich esse gerade. Hast du noch Zeit?»

«Ja, ich habe hier noch ein paar Sachen zu erledigen.»

«Schön, in einer halben Stunde bin ich wieder zurück.»

«Wo finde ich dich dann?»

«An der Kreuzung Münzstrasse und Damm.»

Ò«Gut bis nachher.»

«Ja, bis gleich.»

Eine halbe Stunde später frischt der Sturm ordentlich auf und aus dem Nieselregen ist ein handfester Weltuntergang geworden. Der Sturm peitscht den Regen waagerecht durch die Straßen und die Menschen flüchten in die Geschäfte.

Meine rückwärtige Seite ist klatschnass und kalt, meine Laune ebenfalls abgekühlt. In einer Passage bleibe ich stehen - wie viele andere auch - und warte bis der Regen nachlässt. Wind und Regen sind bald die Puste ausgegangen und die Straßen füllen sich wieder. Viel weiter muss ich nicht mehr gehen. Da lehnt er an der Hauswand, Russenmütze auf dem Kopf, Kippe zwischen den Lippen. Drei Hunde sind mit von der Partie: ein großer Rüde, ein kleiner (wahrscheinlich eine Hündin) und noch einer.

Der große und der kleine kommen sofort zu mir, schnüffeln an mir herum, drücken sich an meine Beine.

«Hallo Hans. Da bin ich.»

Hans grinst mich aus zerknitterten Augen an. Älter ist er geworden. Ich könnte schwören, die Sachen, die er anhat, sind die, die er vor zwölf Jahren auch schon getragen hatte (das liegt aber daran, dass er nur karierte Hemden und Bundeswehrhosen trägt).

«Und das ist die zukünftige Mutter unseres Hundes?», beginne ich das Gespräch.

Unschwer zu sehen, dass die Hündin trächtig ist.

«Ja, das ist Emma. Hermann kennst du ja schon und das da ist Hermanns Tochter, die ist jetzt eineinhalb Jahre alt. Sie ist manchmal recht stürmisch.»

Die drei Hunde sind nass und nicht gerade sauber, wie soll das auch gehen bei dem Wetter. Emma bleibt liegen und hebt nur müde den Kopf.

Vater und Tochter laufen um mich rum. Ich muss aufpassen, dass ich nicht als Rollbraten ende. Immerhin ziehen alle drei ihre Leinen hinter sich her.

«Der errechnete Termin ist der 26. Januar. 60 Tage Tragzeit, plus minus. Außerdem können wir ja nicht wissen, ob es beim ersten Mal gleich geklappt hat.»

Hatte Michaela nicht den 22. genannt? Egal. Es kommt, wie es kommt.

«Wann können wir denn mal kommen?»

«Zum Aussuchen?»

«Ja, und überhaupt mal sehen.»

«Die ersten zwei Wochen nach der Geburt ist da sowieso nicht viel zu sehen, die Kleinen haben in der Zeit noch die Augen geschlossen.»

«Und sie haben noch große Ähnlichkeiten mit Meerschweinchen», werfe ich ein.

«Wie gesagt, in den ersten 14 Tagen kann man noch nichts sagen, nach vier Wochen sieht das schon anders aus, da kann man schon erkennen wer immer vorne mit dabei sein will und wer eher schüchtern ist ...»

«Wir wollen genau den schüchternen haben, nicht den Ersten, der immer erste Reihe zum Mitkämpfen dabei ist», unterbreche ich Hans.

«Dann entwickelt sich so langsam auch das Aussehen und man kann sie besser unterscheiden. Mit sechs Wochen lassen sich schon erste Charakterzüge erkennen. Aber ihr könnt natürlich jederzeit kommen.»

Hans dreht sich eine weitere Zigarette, leckt an der Gummierung und zündet sie an. Der Wind treibt den Rauch von uns weg.

«Wenn ihr es ganz eilig habt, könnt ihr ja per Ultraschall schon eine Auswahl treffen.»

«Wenn ich das gewusst hätte ...», lache ich.

Ob ich einen Kaffee holen würde, klar mache ich das, denn mit drei (schmuddelig-nassen) Hunden können wir nicht ins Café. Und so habe ich Gelegenheit mich zu bewegen, für einen Augenblick in den Windschatten zu kommen.

«Gut, wir verbleiben so, dass wir dich Anfang Februar anrufen. Dann werden die Welpen ja hoffentlich geboren sein.»

«Genau. Und dann verabreden wir, wann wir uns treffen, bzw. wann ihr hochkommt.»

«So machen wir das.»

Freitag, der 30. Januar.

«Ob Louis schon geboren ist?»

«Wenn es einen Louis gibt und es nicht nur Louises geworden sind.»

Michaela sieht mich zweifelnd an.

«Weiß man's? Aber wir können ja morgen mit Hans telefonieren. Es ist ja schon praktisch Anfang Februar.»

Am folgenden Nachmittag greife ich zum Telefon und wähle seine Nummer. Es klingelt und klingelt und nichts geschieht. Gerade wollte ich auflegen, als er sich meldet.

«Ja?»

«Hallo Hans. Horst hier aus Braunschweig.»

«Ach, du bist es, hallo.»

«Wie sieht es aus? Alles gut?»

«Alles bestens. Die Jungen sind geboren. Neun Stück, fünf Mädchen und vier Rüden. Die sind jetzt sieben Tage alt - ach was - heute ist ja Samstag. Donnerstag, genau, Donnerstag vor einer Woche sind sie gekommen.»

Ich kann mir ein Grinsen nicht verkneifen. Louis ist also geboren. Ein kurzes Nachrechnen ergibt den 22. Januar 2015 als Geburtstermin. Schön.

Hans meint, dass er die Kleinen nicht mit nach Braunschweig bringen kann. «Viel zu kalt, viel zu viel Stress für alle. Aber ihr könnt ja raufkommen. Im Moment haben die Kleinen die Augen noch geschlossen, aber in einer Woche oder so machen sie sie auf und in zwei Wochen kann man schon mehr sehen. Ihr müsst wissen, wann ihr kommen wollt.»

«Gut», sage ich, «wir besprechen das hier und melden uns dann rechtzeitig vorher.»

«Alles klar.»

«Schön. Bis dann.»

«Tschüss.»

Michaela, die gebannt gelauscht hat, will nun alles haarklein und auf das Komma genau wissen. «Was hat er gesagt?»

«Wir waren die Ersten, die sich angemeldet hatten, also dürfen wir auch als erste kommen und uns unseren Louis aussuchen. Das sollten wir auch tun.» Damit beende ich meinen Report.

Am 6. Februar versuche ich Hans zu erreichen. Es tutet nur bis sich dann die freundliche Dame vom Amt meldet und verkündet, was ich schon weiß. «Der angerufene Teilnehmer meldet sich nicht.»

Ein weiterer Versuch ist erfolgreicher und ich nenne ihm unsere drei Wunschtermine.

«Sonntag ist schlecht, da habe ich was vor. Die anderen Tage sind mir egal, aber Sonntag geht nicht.»

«Dann Dienstag, auch nicht schlimm.»

«Ihr könnt aber am Sonntag telefonieren und sagen, wann ihr genau kommt, also um wieviel Uhr. Ich kann euch schon ein paar Bilder schicken, per E-Mail und so ...»

«Aber nicht zum Aussuchen! Das war jetzt ein Scherz.»

«Nein. Natürlich nicht. Aber dann könnt ihr sehen, wie der Stand der Dinge ist. Am besten, ich gebe euch dann gleich meine Freundin. Ich habe keine Ahnung von E-Mail und dem ganzen Internetkram. Aber sie schon.»

«Bilder sind schön», sage ich, bedanke mich und beende das Gespräch.

«Dann bekommen wir ja doch noch 'Babybilder', klasse!» Michaela freut sich riesig.

Pünktlich auf die Sekunde treffen wir bei Hans ein und werden sofort von Hundegebell und Welpengefiepe begrüßt. Einen dampfenden Kaffee in der Hand gehen wir rüber zur Wurfkiste und riskieren einen ersten, scheuen Blick.

Gut vier Wochen sind die Wollknäule jetzt auf der Welt und schon recht munter. Und frech. Oder doch eher müde. Die anfängliche Neugierde ist sehr schnell verflogen und die neun verknäulen sich wieder gemeinsam in der schwarzen Gummiwanne - ihrer Höhle. Einer steckt kopfüber in dem Durcheinander, nur die kleine Rute schaut heraus. Emma kommt um die Ecke und schon pulsiert das Leben. Sie legt sich einfach mitten rein in die Wanne und säugt die lieben Nachkommen. Schmatzen, Fiepen, Grunzen, zufriedenes Gähnen und ein kleines Mittagsschläfchen. Wir sehen den Kleinen eine Weile beim Rumtollen zu und nehmen mal den einen, dann den anderen hoch.

«Der hier hat ein kleines Mäusegesicht, denn möchte ich nicht. Und den nicht, weil ...» So geht es weiter bis endlich! «Der hier (Michaela dreht ihn kurzer Hand um, Rüde oder nicht Rüde, das ist hier die Frage) gefällt mir. Das wird unser Louis sein.»

«Bist Du dir da sicher? Wollen wir nicht lieber noch einmal kommen und dann erst eine Wahl treffen?»

«Nein!»

Dieses 'Nein' ist ein abschließendes, kategorisches, unumstößliches, felsenfestes, in Stein gemeißeltes Nein.

«Alles klar. Hans, würdest Du bitte unseren Louis als solchen markieren.»

Und Louis wurde mit einem dicken, schwarzen Strich auf dem Kopf gekennzeichnet.

Vier Wochen später trat der junge Herr seine erste große Autofahrt an. Eine Reise, die er - Entschuldigung - zum kotzen fand.

«Hatte Hans nicht gesagt, Louis hätte heute Morgen nicht zu fressen bekommen?»

«Offensichtlich hat sich der junge Herr selbst bedient.»

Menschen, die keinen Hund besitzen, können sich nur schwer vorstellen, wie schön das Zusammenleben wirklich ist. Einen Hund in seinem Umfeld zu haben bedeutet aber auch Verzicht üben, Rücksicht nehmen und sich zur Not auch einzuschränken. Nicht alles ist einfach und verständlich. Ein Hund ist ein Familienmitglied mit Rechten, aber er sollte auch Pflichten haben, die hat er jedoch meist nicht. Ob und wann man sich für einen Hund entscheidet, diese Entscheidung sollte man sich gut überlegen, und das für und wider sorgfältig abwägen.

Wann ist man eigentlich zu alt für einen Hund?

(Text & Bild: Yvonne Mohr)

Eine Hundebegegnung, die mich im Nachgang ernsthaft beschäftigte.

Wir kamen gerade von einer Grillparty nebst Fußballspiel Deutschland gegen die Slowakei und stiefelten äußerst gut gelaunt in Richtung Auto. Auf dem Weg kam uns ein älterer Herr mit einem Welpen entgegen. Der Mann mag wohl etwa Anfang siebzig gewesen sein. Ein kleines süßes Weimi-Mädchen hing in ihrem Halsband und versuchte sich mit allen Mitteln der Kontrolle ihres Herrchens zu entreißen. Besonders sicher im Umgang mit ihr sah mir der Herr nicht aus, aber ich dachte noch so bei mir – oh ein Weimaraner, das wird wohl ein Jäger sein. Die Kinder waren aus dem Häuschen, schließlich sind unsere beiden Damen lange aus dem „Ah, wie süß, darf ich den mal streicheln"-Alter raus. Ein höfliches „dürfen wir den mal streicheln?" und schon kamen wir ins Gespräch.

Also sagte ich zu dem netten Herrn mit dem Brustton der Überzeugung und vielen Herzchen in der Stimme: «Oh, ein Weimi-Baby! Sie sind sicher Jäger?»

Während ich so vor mich hin säuselte, kniete ich mich zu ihr runter, und - zack - hing sie mir mit ihren Zähnchen in der Nase.

Ohhhkay, das ging fix, also schnell wieder hoch und brav die Antwort abwarten. Die kam dann auch prompt. «Nein, bin ich nicht und ein Baby ist sie auch nicht mehr.» *Uff, echt jetzt?* Da musste ich erstmal schlucken. Bislang glaubte ich das Weimaraner Welpen nur an Jäger abgegeben werden würden, aber man lernt ja nie aus. «Ach so», erwiderte ich erstaunt. Sichtlich verwirrt fragte ich ihn: «Wie alt ist sie denn?» «15 Wochen!» «Na ja», sagte ich und wurde kurzerhand von ihm unterbrochen« -und in der Hundeschule sind wir auch, so ein Hund muss schließlich erzogen werden!»

Aha, joa, immerhin … «Und, wollen Sie mit ihr Such- und Fährtenarbeit machen? Schließlich hat diese Rasse ja schon so ihre Ansprüche…» Arghhh schon wieder ein Fettnapf, warum passiert immer mir das? Ein in die Jahre gekommener, sehr grauer, alter Mann steht vor mir und ich frage ihn allen Ernstes, ob er vor hat eine äußerst anspruchsvolle und körperlich nicht minder anstrengende Arbeit mit seiner Hündin zu beginnen.

Erde tu dich auf, neee wie unangenehm.

Hierzu muss ich zu meiner Verteidigung anbringen, dass ich wirklich, wirklich schockiert war. Es mag ja sein, dass so manch einer das anders sieht, aber jetzt mal ehrlich: Ein Weimaraner in Nichtjäger-Händen ist meiner Meinung nach schon grenzwertig und wenn dann noch hinzukommt, dass man ganz offensichtlich weder gewillt noch körperlich dazu in der Lage ist, diesen Hund auszulasten, kräuseln sich bei mir die Nackenhaare. Ich darf das sagen, ich habe die letzten Jahre umfangreiche Erfahrungen mit unserer Magyar-Vizsla-Dame gemacht.

Nun eine gewisse Ahnung des älteren Herrn ließ sich dennoch vermuten. Immerhin erzählte der frischgebackene Hundehalter, er habe sich extra ein Mädchen ausgesucht, da die Rüden ja so „mannscharf" seien. Ich unterstelle einfach mal, dass diese vermeintliche Ahnung vermutlich doch eher von seiner Hundeschule stammt. Denn auf die Frage, ob er sich denn mit dieser Rasse auskennt, kam ein kleinlautes nein, aber er habe ja viel gelesen.

Hierzu fällt mir der Satz ein: «Das Schlimmste, <u>was einer Rasse passieren kann, ist in Mode zu kommen.</u>» Und ich lehne mich jetzt mal ganz weit aus dem Fenster und füge hinzu: «Stets sollte, in Bezug auf die Anschaffung eines Hundes, die Vernunft über den emotionalen Bedürfnissen stehen!» Wenn ich denn irgendwann ein Alter erreicht habe, in dem ich naturgemäß einfach nicht mehr gewährleisten kann, dass ich meinem Hund gerecht werde, dann sollte ich mir zumindest Gedanken darüber machen, welchen Hund ich mir noch anschaffen kann.

Ich glaube nicht, dass man pauschal davon sprechen kann, ob man irgendwann zu alt für einen Hund sei, aber ich behaupte, dass es definitiv darauf ankommt welchen Hund ich mir anschaffe und ob es denn zwingend ein Welpe sein muss!

Bei meiner heutigen Begegnung bin ich mir fast sicher, dass das nicht gut gehen wird und dieses entzückende Weimi-Mädchen spätestens in der Pubertät ein neues Zuhause suchen wird.

„Mein Leben mit Hund" und „Der Hund in der Familie" sind nur zwei Betrachtungsweisen von Hundebesitzern, die aus ihrer Sicht die Erfahrungen schildern, und vom Zusammenleben mit der Spezies Hund berichten. Wir bestimmen das Leben unserer neuen Mitbewohner, wir verändern deren Umfeld, die Abläufe ihres Lebens und nehmen damit Einfluss auf die Gefühlswelt unserer besten Freunde. Dabei hat jedes der kleinen Individuen eigene Ansichten, eigene Bedürfnisse und manchmal auch eine „eigene Sicht auf die Dinge des täglichen Lebens". In der folgenden kleinen Geschichte schildert ein Beagle aus seiner Sicht die ersten Tage seines Lebens und damit verbunden auch die Lebensumstände nach seiner Ankunft in der neuen Familie.

Wie ich zu meiner Familie kam

(Bild & Text: Katrin Kränzler)

Mein Start ins Leben stand leider unter keinem guten Stern. Als ich geboren wurde, war klar, ich werde in einem Versuchslabor meine Zukunft verbringen, also nicht für mich, aber für die Menschen.

Ich heiße Peppi und bin am 14.04.2010 als Mini-Beagle-Hündin in einer großen Zuchtanlage geboren.

Meine Mama war eine ganz Liebe und auch die Menschen, die meine Geschwister und mich versorgten, waren sehr fürsorglich zu uns. Irgendwann mussten wir Mama verlassen.

Wir wurden dafür in einen merkwürdigen Wagen gesetzt und über mehrere Gänge geschoben, dann über einen Hof und in ein anderes Gebäude. Hier gab es einen langen Gang, rechts und links Zimmer, die Menschen nannten sie „Zwinger", die zum Gang hin Gitterwände hatten. Auch die Türen in diesen Zimmern waren Gitter. Zweigeteilt. Man konnte sie komplett öffnen oder nur die obere Hälfte. Jedes Zimmer hatte auf seiner Außenseite einen Ausgang zum Freilauf, der eine Art

Hof mit teilweiser Überdachung war. Hier waren eine Menge Hunde-welpen untergebracht, die uns lautstark begrüßten.

Unser Wagen hielt vor einer der Gittertüren an, die nur oben geöffnet war, und meine Geschwister und ich wurden in das Zimmer gesetzt. Die anderen Welpen, die schon da waren, begrüßten uns stürmisch. Das war toll, wir spielten den ganzen Tag und wenn wir nicht mehr konnten, kuschelten wir uns zusammen auf den Liegeplatz.

Dafür mussten wir eine Stufe höher krabbeln und hier gab es Decken und eine Rotlichtlampe, die uns wärmte. Immer wenn ein Tierpfleger den Gang an unseren Gittern entlangkam, rannten wir Kleinen nach vorn und bellten lauthals. Jeder von uns buhlte um ein bisschen Auf-merksamkeit.

Ich war fast zehn Wochen alt, als mehrere Menschen vor unserem Zwin-ger standen. Ein paar der Menschen erkannten wir am Geruch, doch da waren noch fremde Gerüche, die uns neugierig machten. Ich stand weiter hinten und bellte die anderen an, sie sollten da vorne Platz ma-chen, damit ich was sehen konnte.

Der obere Teil der Gittertür öffnete sich, ich kämpfte mich laut bellend nach vorne, ich sah den Schatten über mir, eine Hand griff mir in den Nacken und zog mich hoch. Starr vor Schreck sagte ich kein Wort mehr. Warum konnte ich auch nicht einmal meine Klappe halten? Ich schwebte über der halb geöffneten Gittertür und wurde in den Arm eines fremden Menschen gedrückt.

Da meine Neugier wieder größer wurde als meine Angst, saugte ich den fremden Geruch nur so auf und die fremde Hand kraulte mich die ganze Zeit. Mann, das war toll! Wir gingen in den Untersuchungsraum ganz am Anfang des langen Ganges, den ich schon kannte und ich wurde auf den Tisch gesetzt. Die fremde Frau kraulte mich auch hier weiter. Eine andere Frau kam noch zu uns, die hatte meine Freundin auf dem Arm.

Wir wurden untersucht, die Menschen schrieben noch auf ein paar Papieren rum und schon war ich wieder bei der Frau auf dem Arm. Wir gingen hinaus zu einem Auto, wurden in eine Box gesetzt und die Fahrt ging los. Wir waren so aufgeregt, dass wir nach kurzer Zeit Durchfall hatten und nichts mehr halten konnten.

Da war eine Zwangspause angesagt. Die beiden fremden Frauen holten uns aus der Box, machten alles sauber, so gut es ging und steckten uns wieder in die Box. Dabei waren sie die ganze Zeit am lachen und sagten sowas wie: «Oh nein! Und das im Dienstwagen», oder «Hoffentlich ist der Geruch morgen wieder raus», aber auch «Hoffentlich bekommen wir keinen Ärger» und noch so ein paar Dinge. Später habe ich dann erfahren, dass nicht geplant war, dass sie zwei Hundewelpen mitnehmen wollten, doch die beiden fremden Frauen haben uns damit vor dem Versuchslabor gerettet.

Sie wollten für uns eine schöne nette Familie suchen. Aber für mich kam alles anders. Nach mehreren Stunden Fahrt waren wir am ersten Ziel. Die fremden Frauen brachten den Dienstwagen zurück und verabschiedeten sich voneinander. Jede nahm einen von uns mit. Die Box hat die eine Frau mitgenommen und wir stiegen in das Auto der Frau ein. Da ich so klein war, durfte ich mich während der Fahrt auf dem Schoß der fremden Frau einrollen. Nach fünf Minuten hielten wir wieder an und ein Mann stieg ins Auto. Ich sah ihn an und es haute mich von den Pfoten … ich war verliebt. Die fremde Frau nahm mich hoch und legte mich zu dem Mann in den Arm. Dieser war ganz und gar nicht begeistert von mir. Er wollte mich nicht, das spürte ich und das sagte er auch ganz klar. Die fremde Frau bestand darauf, dass er mich wenigstens während der Autofahrt festhielt. Ich saugte den neuen Geruch tief, sehr tief ein. Er war toll, er roch toll, ich fühlte mich rundum wohl bei ihm. Ob er mich nun mag oder nicht, ist mir egal, dachte ich. Wir fuhren also los, genau jetzt drückte meine Blase und wenn Welpen merken, dass die Blase drückt, dann drückt die Blase auch. Dann muss der Welpe und zwar sofort. Und wenn ich meine sofort, dann wirklich sofort. Da ich nur den Zwinger kannte bisher, ließ ich es einfach laufen, so wie immer.

Ach du Schreck, der Mann, der mich nicht will, und jetzt puller ich ihm auch noch auf den Schoß. Ihr könnt euch denken, er war nicht begeistert, aber die fremde Frau lachte schon wieder.

Die schien echt alles lustig zu finden. Naja, besser als mit mir zu schimpfen. Ich konnte ja auch nichts dafür, ich war ja eigentlich noch ein Baby. Na ja, nun war es passiert und lies sich nicht ändern. Genüsslich und erleichtert rollte ich mich wieder zusammen und schlief ein.

Irgendwann verstummte das Geräusch vom Auto und die Frau nahm mich wieder auf den Arm als wir ausstiegen. Es war Sommer und es war sehr schön und warm draußen, die Sonnenstrahlen kitzelten an meiner

Nase und die Frau setzte mich auf den Rasen in ihrem Garten. Ich fand das grüne Gras unter meinen Füßen ziemlich seltsam, das kannte ich ja nicht.

Alle Menschen der Familie lernte ich kennen, weil mich jeder sehen wollte. Und dann kam plötzlich ein riesiger schwarzer Schatten auf mich zu: Odin! Odin war ein Dobermannmischling, 13 Jahre alt und jetzt mein großer Bruder. Wir beschnupperten uns und spielten ausgelassen im Garten eine Weile. Dann lernte ich noch die drei Katzen der Familie kennen.

So etwas kannte ich auch noch nicht und ich war total aufgeregt. Die Katzen waren anfangs ziemlich neugierig, und es besteht bis heute eine tolle Freundschaft zwischen uns.

Mein Futter habe ich an diesem aufregenden Tag nur so heruntergeschlungen und die Frau hat mir dann ein ganz weiches Körbchen vor ihr Bett gestellt.

Wir alle sind früh ins Bett gegangen. Das schöne weiche Körbchen mit den Decken und Kissen mochte ich nicht. Ich schlich mich immer wieder dort raus, weil ich viel lieber auf dem harten Boden schlief.

Erst viel später habe ich mich an die Annehmlichkeiten gewöhnt. Mein Happyend kam dann drei Tage später, als die Familie beschloss; ich darf für immer bei ihnen bleiben. Und der Mann, der mich nicht mochte, den habe ich in diesen drei Tagen so um meine Pfote gewickelt, dass er MEIN Herrchen wurde. Diese Familie ist das Beste, was mir passieren konnte, denn ohne sie wäre ich heute nicht mehr am Leben.

Ist dann so ein Herzenshund erst einmal in Haus und Familie, beginnen die Entdeckungsreisen für den Welpen und der Stress für Frauchen und Herrchen. Alles muss untersucht werden, alles ist neu und bedarf einer genaueren Betrachtung. Bei kleinen Kindern stellt man einfach die Dekorationen eine Etage höher, so dass die kleinen Hände nicht überall drankommen. Beim Welpen ist das nicht ganz so einfach, denn Hände zum Ertasten sind keine da und die Zähnchen, na ja …

Das Essigattentat

(Bild & Text: Jasmin Sachse)

Wenn man seine Menschen nicht permanent im Blick behält, machen sie nur Blödsinn!

Ein Beispiel gefällig?

Seit einer Weile habe ich, als vielseitig interessierter junger Hund, ein neues Hobby: Holzbildhauerei.

Es fühlt sich an meinen Wackelzähnchen super gut an, wenn ich an etwas nagen kann, weshalb ich in letzter Zeit viele Kauartikel und Möhren vertilgt habe.

Einige Male blieben dann kleine weiße Dackelzähnchen in der Kaustange stecken und ein neuer Zahn konnte nachrutschen.

Trotzdem drücken die verbliebenen Wackelzähne gewaltig und alles, woran ich denken kann, ist das Knabbern.

Ich knabbere an allem, was ich kriegen kann, egal, ob es Leckereien, Spielzeug oder Stöckchen sind.

Natürlich versuche ich auch an Sachen wie Socken oder Unterhosen zu knabbern, aber das soll ich nicht. Jetzt habe ich aber herausgefunden, dass Möbel sich auch prima dafür eignen, dem wechselnden Zähnchen Erleichterung zu verschaffen.

Warum die Menschen mir diese vorenthalten haben, ist mir schleierhaft, vielleicht wissen sie ja gar nicht, wie toll das Knuspern ist. Ich habe es am Kratzbaum der Katze probiert, die gar nicht begeistert davon war, auch der Wäschekorb aus Weidenholz ist gut zum Anknabbern geeignet. Mein aktuelles Projekt ist der Couchtisch.

Er stammt ursprünglich von einer Oma meines Menschen und war ein Geschenk zum Einzug in diese Wohnung, der Tisch ist wahrscheinlich schon alt, so wie er schmeckt, und auf ihm liegen meistens wichtige Sachen wie die Fernbedienung oder Bücher, beliebt ist er auch, um darauf Teetassen abzustellen.

Das Wichtigste für mich ist an diesem Tisch jedoch eine Querstrebe, die die beiden Tischbeine miteinander verbindet, und mich unheimlich stört. Darum habe ich mich entschieden, daran meine Zähnchen zu wetzen.

Auch meine Freundin Lucy war nicht unschuldig an all den Nagespuren, denn auch ihre Zähne wackelten ganz schön.

Sie hätte wahrscheinlich brav das Kauspielzeug benutzt, aber ich habe ihr schnell bewiesen, dass es an den Möbeln viel besser ist. Meine Menschen haben mich ständig davon fortgejagt, aber ich bin immer wieder rangegangen, kaum, dass sie mir den Rücken zugedreht haben. So nagte ich immer mal hier, mal da und am liebsten am Tisch.

Bis heute.

Heute war die Menschenmama wieder einmal in der Uni und hat sich mit ihrer Freundin unterhalten, Frauchen des Labradors Finn, meinem großen Kumpel.

Sie hat Finn schon seit er klein ist und kennt sich so ganz gut mit "nützlichen" Erziehungstipps aus und nun hat sie meiner Mama einen ganz tollen Rat gegeben!

Ich finde diese Tipps weder nützlich noch nett!

Mama kam heim und verschwand in der Küche. Das ist normalerweise ein gutes Zeichen, denn in der Küche gibt es immer gute Sachen.

Doch sie wollte nur etwas holen und wischte meine Lieblingsknabberstelle mit einem nassen und säuerlich stinkenden Lappen ab. Was war das denn für ein Zeug?

Ich beeilte mich, herauszufinden, was sie damit getan hatte und biss prüfend hinein. Böser Fehler!

Ich schüttelte den Kopf und nieste erschrocken, bevor ich davon galoppierte und in sicherer Entfernung stehen blieb.

Hexerei! Ganz üble Hexerei!

Lucy hatte alles beobachtet und tippelte nun heran, um selbst nachzusehen, was los war. Auch sie prallte zurück, nieste und bellte gleich empört. Meine Mama rieb mit dem stinkenden Zeug alle Möbel ein, die am besten geeignet waren, um zu Nagen und unser vorwurfsvoller Blick verfolgte sie. Später erfuhr ich, dass dieses Teufelszeug Essig genannt wurde. Ich kann es kaum glauben, aber Menschen machen das manchmal an ihr Essen. Bäh! Lucy und ich hatten nun keine Freude mehr an den Möbeln und mussten mit den garstigen Kauspielzeugen vorliebnehmen, mein Umgestaltungsprojekt des Tisches konnte ich nicht fertigstellen.

Wie konnte Mama das zwei unschuldigen Welpen nur antun? Die Katze grinste vom Kratzbaum herunter.

Wahrscheinlich hatte Mama geglaubt, Papa und sie könnten diese Nacht in Ruhe schlafen. Aber wenn wir nicht bis nachts um drei am Wäschekorb knuspern können, müssen wir halt miteinander bis nachts um drei kämpfen.

Jeder Mensch sucht sich den Hund, der zu ihm passt, so sagt man. Oder aber:
Mit zunehmendem Alter gleichen sich Hund und Herrchen immer mehr an. Es
gibt im Internet (und im wirklichen Leben) zahlreiche Beweise dafür das einige
Dackelbesitzer oft klein und mit „gebogenen" Beinen ausgerüstet sind.Der
Bassetbesitzer hat oft ein faltenreiches Antlitz und der Boxer? Na ja, eigentlich
benötigt man nur etwas Phantasie und jeder Hund passt zu seinem Menschen.
Ich erinnere hier nur an neugeborene Babys, die aus meiner Sicht alle gleich
aussehen, aber man unverkennbar Mama oder Papa ausmachen kann, sieht man
das Kind das erste Mal. Ach schau mal, ganz der Papa – die Antwort – macht
nix, Hauptsache gesund! Wie aber unterteilt man die Hundehalter selbst,
welche Eigenheiten und Eigenschaften haben sie selbst?(Anm. Juchteln= es
bezeichnet alte, keifende Frauen, die alles besser wissen).

Der Hundehalter an sich

(Bild & Text: Alica Junker)

Ich wohne am Stadtrand, in einem prädestinierten Hundequartier. Bei uns im Wald lässt sich nicht nur ein Potpourri der verschiedenen Hunderassen beobachten, nein, der gemeine Hundehalter, lässt sich frei nach Carl von Linné unterteilen.

Hundehalter Typ 1: junges Pärchen ohne Kinder

Früh morgens kommt mir das Pärchen ohne Kinder entgegen. Diese Kategorie Mensch ist oft zu zweit unterwegs, zwischen 25 und 35 Jahre alt, vorzugsweise bereits Eigenheimbesitzer, sie blond, er Manager, und beide sind stolze Eltern eines Golden Retriever oder Labrador, bei eher hippen Eltern auch ein Goldendoodle oder ein Labradoodle, weil der Designermixname so unglaublich nach Kindern und Heiler-Welt-Familie klingt.

Der Hund ist na ja, es geht so, erzogen, aber: «Der ist ganz toll mit Kindern.» Liebet und vermehret euch.

Typ 2: älteres Pärchen, Kinder aus dem Haus

Kontrastierend zu den jungen Pärchen mit Hund gibt es natürlich auch die Paare, deren Kinder ausgezogen sind, und die einen Hund auch ein bisschen als Kinderersatz brauchen. Man trifft die Partner zu unterschiedlichen Zeiten mit dem Hund an, sie geht morgens, er abends und am Wochenende gehen sie gemeinsam.

Der Hund ist gut erzogen, folgt nicht immer aufs Wort, freundlich, eine bestimmte Rasse oder Größe ist hier von den weiteren Aktivitäten des Paares abhängig.

Oft aber größere Tierheimhunde oder eine ganz spezielle Rasse, von der noch nie jemand etwas vorher gehört hat.

Wer kennt schon den kleinen Brabanter? Hunderassen lassen die Individualität der Halter aufblitzen.

Typ 3: Familien mit Hund

Dann gibt es natürlich Familien mit Hund. Dazu muss ich ja wenig Worte verlieren, Kinder und Hunde, das gehört einfach zusammen; ich finde die Mischung stets gelungen.

Die Familien-Papas müssen aber abends, wenn es dunkel ist, allein mit dem Hund raus. Immer, das finden Papa und Hund meist beide nicht so toll.

Wenn Mama oder Papa vorher schon einen Hund hatten, dann eher Rhodesian Ridgeback oder, bei kleineren Wohnungen, eine lustige, kleine Begleithunderasse, wie Havaneser oder Bolonka.

Bei Individualisten Kromfohrländer oder Cockerpoo, bei Möchtegernpädagogen eher Mischlinge, Labrador, Lagotto.

Den Familientyp kann man wunderbar am Hund ablesen.

Typ 4: alte Juchteln

Dann gibt es die Kategorie alte Juchteln, wie ich sie liebevoll nenne, stets mit komisch frisierten Zwergrassen, meist ebenfalls in fortgeschrittenem Hundealter, unterwegs. Größere Hunde erhöhen die Gefahr eines Oberschenkelhalsbruchs drastisch. Die Tiere hören auf den Namen Maxi, Mausi, Momo, ignorieren diesen aber oft völlig.

Die Besitzerinnen, es sind ausschließlich Damen, sind aufgrund ihres hohen Alters der Ansicht, dass sie ungefragt alles kommentieren dürfen. Sie kriegen außerdem einen Herzinfarkt, wenn ein größerer Hund, also alles, was über der Grasnarbe läuft, mit ihrem Hund spielen möchte. Man trifft sie allein oder im Schwarm, den Schwarm erkennt man an der vorgebeugten Lästerhaltung; sie wissen wirklich immer alles besser und müssen es untereinander kommentieren.

Typ 5: ältere Herren

Ältere Herren in Begleitung ihrer Hunde sind da ganz anders, sehr freundlich, auch sie haben eigene Ansichten von Hundeerziehung, gehen oft wandern und haben größere Rassen, die ihr Ego komplettieren.

Meist sind sie alleinstehend, man würde sie gern mit den alten Juchteln verkuppeln, aber möchte man den Männern, die nun endlich Ruhe vor den Frauen haben und sich mit ihren Hunden vergnügen, wirklich diese Waschweiber antun?

Typ 6: die jungen Wilden

Die jüngeren, alleinstehenden oder alleinerziehenden Hundehalter lassen sich in die folgenden Kategorien einteilen:
Kategorie *Waldschrat*, in die ich mich ohne mit der Wimper zu zucken einsortieren würde, meine Hundeklamotten sind immer dreckig, auch wenn draußen die Sonne scheint. Es ist mir ein Rätsel, wie man sauber von einem langen Spaziergang nach Hause kommen kann. Barbour-Jacke, Filzhut und Gummistiefel gehören zur Grundausstattung, meist mit Jagdhunden unterwegs; der Hund gehört zum Lifestyle, der Besitzer

macht Sport, geht in den Hundekurs, Hobbies außerhalb des Vierbeiners? Fehlanzeige.

Typ 7: Gattung Hipster

Kategorie Hipster, der Hipster geht mit seinem Hund am Bademantelgürtel spazieren, betont lässig und cool.
Oder einfach armer Student. Der Hund, meist aus dem Tierheim oder aus einem südlichen Land gerettet, ist wirklich nicht schön.
Aber er ist eine richtig coole Socke, mit jedem Barkeeper der Stadt auf du und du, und weiß genau, wo er Dönerreste abstauben kann. Meist männliche Vierpföter.

Typ 8: Gattung Metrosexuell

Die Metrosexuellen hingegen wählen den Hund nach der Winterjacke aus, wir haben in unserem Sammelsurium hier ein sehr spezielles Modell mit einem Shiba.
Der Hund sieht wirklich so aus, wie das lebendige Modell des Pelzbesatzes der Canada-Goose-Jacke, als ob man in unseren Breiten wirklich mit solchen Jacken herumlaufen müsste.
Außerdem ist er immer an der Leine. Warum? Weil der Hund sonst schmutzig werden könnte. Na ja. Hier sind ebenfalls alle Tussis bei Chihuahua, Zwergspitz, etc. anzusiedeln. Hunde sind eher Accessoire denn Lifestyle.

Typ 9: Gattung Supersportler

Letzte große Kategorie: Supersportler. Die Hunde sind auf dem Hundeplatz eine Eins mit Sternchen, sie können das Apportel nicht nur holen, sondern auch eins schnitzen, weil sie so clever sind. Meist trifft man sie joggend, Trike fahrend, oder auf dem Hundeplatz bei uns im Wald an. Hunderasse: groß, Schäferhund, Malinois, American Staffordshire, aus schlechter Haltung oder Tierheim.
Eines ist allen Hundehaltern aber gemein, ihre Hunde komplettieren ihr Leben und sind eine Art Alter Ego.

Haben sie auch keine Ahnung wie man ein Auto repariert? Überlassen Sie Ihrem Friseur auch die Entscheidung wie er Ihnen die Haare schneidet? Geben Sie Ihrem Metzger auch keine Ratschläge wie er sein Fleisch filetieren muss? Ja, das mache ich auch nicht. Wir vertrauen diesen Fachleuten und in den meisten Fällen entscheiden wir nach unserem „guten Gefühl", denn die fachliche Kompetenz fehlt uns. So ist es auch bei der Auswahl eines Tierarztes. Für die „kleinen" alltäglichen Dinge besuchen wir den Tierarzt am Ort, bei komplizierteren Dingen geht's zum Facharzt, genau wie bei uns Menschen, nur eben meist ohne Überweisungsschein.

Die Qual der Wahl

(Bild & Text: Katrin Kränzler)

Ich habe fünf Katzen und zwei Hunde (oder haben die Tiere mich? Wer weiß das schon!) und werde oft gefragt: «Zu welchem Tierarzt gehst du denn?» Eine einfache Frage, aber bei Weitem nicht so einfach zu beantworten. Wenn ich den Namen meines „Haustierarztes" nenne, gibt es drei, immer wiederkehrende Reaktionen: Da wäre ein freundliches, bejahendes Lächeln, was ich als nette Zustimmung deute. Vielleicht hat mein Gegenüber den Namen schon positiv gehört oder selbst gute Erfahrung mit dem Tierarzt gemacht. Manchmal sehe ich auch einen fragenden Blick, der mir sagt: Oh, von dem habe ich ja noch gar nichts gehört! Das Beste aber sind die Menschen, die mitleidsvoll oder sogar genervt die Augen rollen und überheblich zur Seite schauen. «Zu dem gehst du? Der hat doch …» Und dann höre ich, wie schlecht er den Hund behandelt hat, das er nicht herausgefunden hat oder es gar zu spät war, was dem Vierbeiner quer saß (oder dem Herrchen?), was für ein Pfuscher er doch ist und wie teuer. Da gibt's doch erheblich Günstigere und Bessere.

Manchmal möchte ich den Herrchen und Frauchen in kurzen Sätzen erklären, warum ich genau den Tierarzt aufsuche, allerdings würde das den normalen Dialog zwischen Hundehaltern auf Spaziergängen einfach sprengen. Besonders bei Regen! Ok, da trifft man meistens eh keinen Menschen mit Hund. Woran liegt das eigentlich? Müssen die Hunde nicht, wenn es stürmt und regnet? Oder fallen sie in den wohlverdienten Winterschlaf, weil sie sich im Sommer bei hohen Plusgraden ausgetobt haben, und das muss dann halt über Winter reichen? Auch das wäre eine gute Frage aber zurück zum Tierarzt. Wenn ich in sozialen Netzwerken dann die Frage lese, welchen Tierarzt könnt ihr mir empfehlen, dann werden so ziemlich alle Tierärzte und Kliniken der Umgebung aufgezählt. Der ein oder andere öfter, allerdings immer wieder mit den Zusätzen: «Der ist nicht weit weg! Da brauchst du keinen Termin! Der ist günstig! Da ist das Wartezimmer immer leer!»

Kommt es auf den Weg an? Ja, manchmal schon. Bei Notfällen denke ich, es ist wirklich angenehmer, wenn man nicht so lange noch fahren muss. Mein Tierarzt z. B. ist 25 km entfernt, mit dem Auto über die Landstraße dauert das im Notfall 20 Minuten. Das habe ich selber schon „ausprobiert"! Wenn ich aber in einer Großstadt lebe und mein Tierarzt „nur", sagen wir mal, sechs Kilometer entfernt ist, wer sagt mir, dass ich schneller da bin? Viele Ampeln, habe ich überhaupt ein Auto zur Verfügung? Da können sechs Kilometer auch schon mal 20 Minuten dauern!

Ist es wirklich gut, wenn das Wartezimmer immer leer ist? Ich persönlich würde denken, warum? Mich beruhigt sowas nicht. Und günstig! Kommt es mir darauf an, dass mein Tier so günstig wie möglich behandelt wird? Ok, teuer ist auch nicht immer besser, aber Tierärzte haben doch auch eine Gebührenordnung, die ganz einfach im Internet zu finden ist. Wenn man meint, man hat zu viel bezahlt, dann muss man sich die Rechnung aufschlüsseln lassen, welcher Posten genau wie viel kostet. Das macht meiner übrigens immer automatisch. Und am Ende spielt doch die Sympathie und mein Gefühl eine ganz wichtige Rolle. Und wenn ich in eine Gemeinschaftspraxis komme und den einen oder anderen Tierarzt dort nicht mag, dann kann ich das ehrlich sagen, und darum bitten, dass mein Tier von demjenigen nicht mehr behandelt wird. Das ist nichts Schlimmes, wenn man es nett sagt, und man darf nicht vergessen, es ist nun mal ein Dienstleister, den ich bezahle. Ich bin bei meinem Haustierarzt, weil ich ihn mag und er sehr kompetent ist. Er hat meinem Kater das Leben gerettet in einer Not-OP und meine Katze während der Schwangerschaft sehr gut betreut. Er hat mittlerweile meinem Beagle Peppi mehrmals das Leben gerettet, weil sie eine sehr seltene Krankheit hat, und er sofort den Verdacht auf diese Krankheit geäußert hat. Da wäre ein Anderer vielleicht nicht so schnell draufgekommen. Er hat im Notdienst oft einen Aderlass machen müssen und er hat sie gerettet, als sie Schneckenkorn aufgenommen hatte. Für die ganz schlimmen Fälle, in denen er nicht weiter weiß, ist er so fair, dass er mir das sagt. Hierfür habe ich noch eine Tierklinik, die allerdings 100 km entfernt ist. Mir ist es sehr wichtig, dass die Klinik und mein Haustierarzt zusammenarbeiten. Und das tun sie. Ich möchte gar nicht zusammenrechnen, was mich meine Tiere schon beim Tierarzt gekostet haben. Ja, es ist teuer, aber ich habe selbst jahrelang als Tiermedizinische Fachangestellte gearbeitet, und mir ist bewusst, dass es keine Maschinen sind, die ihren TÜV bekommen, sondern Lebewesen, die uns nicht sagen können, was genau ihnen fehlt. Manchmal muss man sich halt auf die Suche nach Ursachen begeben und ab und zu schlägt man den falschen Weg ein. Das passiert leider. Wir Menschen haben auch nicht alle den gleichen Arzt oder die gleichen Freunde, dann müssen wir auch nicht alle den gleichen Tierarzt toll finden.

Die Einleitung der nächsten Geschichte wird begleitet von zwei Zitaten:
„Was uns so fest mit Hunden verbindet, ist nicht ihre treue, ihr Charme oder was es sonst noch sein mag, sondern die Tatsache, dass sie nichts an uns auszusetzen haben.
Der Hund ist der sechste Sinn des Menschen".
(Christian Friedrich Hebbel)
„Der Hund ist das einzige Wesen auf Erden, das dich mehr liebt, als sich selbst".
(Josh Billings)

Eine weite Reise

(Bild & Text: Antonietta Matteo)

Hallo, ich möchte mich mal vorstellen: Mein Name ist Paolo. Paolo aus Spanien. Dort hieß ich irgendwie anders, aber an meinen ersten Namen kann ich mich schon nicht mehr erinnern. Auf jeden Fall habe ich eine ganz weite Reise hinter mir und lebe jetzt in Deutschland. Ich war noch ganz klein, da bin ich auf der Straße gelandet und musste mir mein Essen selbst besorgen. Das war vielleicht schwer! Da waren doch noch so viele andere Tiere, die waren meistens schneller als ich. Deswegen hatte ich immer Hunger und bin ganz dünn geworden. Eines Tages kamen so komische Leute und haben mich eingefangen. Puh, da hatte ich vielleicht Angst! Aber zum Glück ist mir nichts Schlimmeres passiert, denn ich wurde in einer Pflegefamilie aufgenommen.
Warum, weiß ich nicht so genau, aber vielleicht lag es daran, dass ich noch so klein war, und sie mir den Aufenthalt in dem Tierheim nicht zumuten wollten. Dort haben sie mich wieder ein wenig aufgepäppelt. Ich durfte zwei Monate bleiben. Obwohl ich eigentlich gehofft hatte, dass ich dort nicht wieder fort muss. Doch dann wurde ich eines Tages zum Tierarzt gebracht, wurde kastriert und geimpft und einen Chip habe ich auch bekommen. Ich wusste ja nicht, warum die das machen, aber spätestens, als ich plötzlich in einer Box im Flugzeug saß, war mir klar,

dass man mich wieder weggeschickt hatte. Vielleicht habe ich mich dort nicht so gut benommen und die wollten mich nicht behalten? Ich weiß es nicht. Wir waren mehrere Hunde und meist zu zweit in diesen Boxen eingesperrt.

Das war aber ganz gut, so fühlte ich mich nicht so alleine. Und die meiste Zeit haben wir sowieso geschlafen. Als wir wieder aus den Boxen rausgeholt wurden, wartete eine Frau auf mich. Gut, dachte ich, dann darf ich vielleicht bei der bleiben? Verstanden habe ich erst einmal gar nichts. Alles roch so anders, die Menschen sprachen so komisch. Ich wusste gar nicht, wie mir geschieht, alles war ganz neu für mich. Das hat mir sehr Angst gemacht und das ist immer noch so bei unbekannten Menschen und Sachen. Aber nicht mehr ganz so schlimm wie am Anfang. Die ersten Tage habe ich in einem Ort hier in der Nähe verbracht mit ganz vielen anderen Hunden und Katzen. Da kamen oft irgendwelche Menschen vorbei und jedes Mal war ein paar Tage später ein Hund weg. Das habe ich zwar nicht so mitbekommen, da ich nur eine Woche dort war, aber die anderen haben mir das erzählt. Mit den Hunden habe ich mich schon verstanden und die Katzen dort waren auch ganz nett. Und dann kamen wieder Menschen, die haben sich mich angeguckt. MICH! Die waren tatsächlich meinetwegen da! Ich war ganz verunsichert und hab mich kaum getraut, mich zu bewegen. Ich wollte doch nur endlich einen Ort haben, an dem ich für immer bleiben kann und dann? Gut, die waren ganz nett und haben mich gar nicht bedrängt.

Die Frau hat sich neben mich gesetzt und mich aber erst einmal auch nicht angefasst. Die Frau, das ist jetzt mein Frauli oder Frauchen. So sagt man in Deutschland. Eltern, das ist, wenn eine Frau und ein Mann Menschenkinder haben. Und für ihre Haustiere sind sie Frauchen und Herrchen. Klingt schon etwas seltsam, aber ist halt so. Auf jeden Fall war sie ganz nett, hat mich nach einiger Zeit dann doch ein bisschen gestreichelt und ich habe mich ganz vorsichtig bei ihr angelehnt.

Die Tochter von meinem Frauli war auch dabei, die hat meine Pfote gehalten, aber ganz sanft. Die ist ja auch kein Kind mehr (zum Glück, diese wuseligen, kreischenden und quietschenden kleinen Menschenkinder finde ich sehr gruslig!) und weiß schon, wie man sowas macht, dass man da vorsichtig ist und nicht zupackt oder zwickt oder was weiß ich was. Ja, und da war dann auch noch mein neues Herrli. Der war auch freundlich. Ich mein, zu diesem Zeitpunkt wusste ich das ja noch nicht, dass die mich bei sich aufnehmen wollen. Aber gewundert habe ich mich schon, warum die da waren und alle drei ihre ganze Aufmerksamkeit auf mich gerichtet hatten. Irgendwie habe ich aber doch gemerkt, dass es um mich und sie geht.

Und nett waren sie auch.

Doch ich habe mir gedacht, warten wir einfach mal ab! Wer weiß schon, was da passiert! Die haben mich nicht gleich mitgenommen und erst einmal war ich erleichtert. Zwei Tage später haben sie mich abgeholt. Mein Frauli saß hinten mit mir im Auto. Mein Herrli fuhr. Also, Auto fahre ich im Übrigen gerne. Es gefällt mir gut, wenn ich dabei aus dem Fenster schauen kann, und die Bäume und Wiesen vorbeirauschen sehe. Da konnte ich vorübergehend vergessen, dass die mich schon wieder woanders hinbringen. So habe ich mir mein Leben echt nicht vorgestellt. Von einem zum anderen geschoben. Das hat mich sehr verunsichert! Schon wieder war alles fremd. Es roch auch anders als da, wo ich vorher war. Echt unheimlich, das kann ich euch sagen! Und dann gab's da auch noch andere fremde Leute. Gut, die kenne ich jetzt in der Zwischenzeit. Da sind einmal der Sohn und dann noch seine Freundin. Die ist zwar nicht immer da, aber wenn sie mal vorbeischaut, dann freu ich mich, denn die kenne ich ja jetzt. Aber komisch war das schon, wieder in einer völlig fremden Umgebung zu sein. Mein Frauli und mein Herrli wohnen in einem kleinen Haus mit Garten. Und die haben noch zwei Katzen. Doch die bekomm ich so gut wie nie zu Gesicht, denn die wollen scheinbar nichts mit mir zu tun haben. Katzen können echt komisch sein! Aber gut, ist halt so.

Die ersten Wochen sind wirklich sehr schwierig. Ich schlafe schlecht und träume ganz viel Unfug. Bin schnell aufgeregt und hab Angst vor allem Möglichen. Fahrräder, Kinderwägen, Kinder, Menschen – alles ist unheimlich und aufregend. Wenn wir im Wald anderen Spaziergängern begegnen und die dann auch noch stehen bleiben und mit meinem Frauli reden wollen, das erschreckt mich jedes Mal. Da will ich am liebsten ganz schnell abhauen. Doch mein Frauli beschützt mich und passt gut auf mich auf. Mein Herrli auch, aber der ist ja so oft nicht da und kommt erst abends wieder heim. Meistens bin ich mit dem Frauli unterwegs. Doch am sichersten fühle ich mich im Haus. Da kenne ich langsam alles und habe mich an den Geruch gewöhnt. Und ein Garten ist ja auch noch da mit einer hohen Hecke. Da fühle ich mich einfach sicherer. Aus dem Haus gehe ich zwar mit, aber oft nur widerwillig. Ich bin mir nie sicher, ob uns nicht doch etwas ganz Schreckliches begegnet. Hier ist auch so viel los. So viele Leute. Kindergärten mit kreischenden Kindern, eine Schule ist auch da. Da ist immer irgendwie Lärm und viele Kinder, die im Pulk auf ihren Fahrrädern vorbeibrausen. Nö nö, das muss ich wirklich nicht haben. Aber mein Frauli meint, wir müssen raus und im Wald spazieren gehen. Oder am Fluss. Fluss ist ganz ok. Das Rauschen vom Wasser finde ich interessant. Nur reinsteigen mag ich nicht so gerne. Das macht komische Geräusche, blubbert so seltsam und manchmal sind da auch komische Sachen im Wasser. Herrli meint, das sind Fische. Na ja, wenn er meint. Ich glaub das nicht wirklich. Ab und zu bin ich mir gar nicht sicher, ob ich mich je an all das gewöhnen kann. Doch die Zeit vergeht und langsam merke ich, dass es besser wird. Ich gewöhne mich ein und merke, dass mir die ganzen Sachen doch nicht wirklich gefährlich werden können. Ich mein, ich habe ja so als Hund nun nicht wirklich ein Zeitgefühl, ich kann nicht sagen, ah, jetzt ist es ein Uhr mittags oder so. Aber jetzt bin ich schon über ein Jahr hier in Deutschland und schon über ein Jahr bei meinem Frauli und ihrer Familie. Das fühlt sich sogar für mich an, wie eine lange Zeit. Sehr langsam habe ich begriffen, dass ich hierbleiben darf. Für IMMER! Das haben mein Frauli und Herrli auch gesagt. Ich bin also doch angekommen, hier in meiner neuen Familie. Ja, ich habe wirklich eine lange Reise hinter mir. Und so ganz zu Ende ist sie auch noch nicht. Denn ich muss noch viel lernen, aber davon berichte ich euch in einer anderen Geschichte.

Erinnerungen an ein ganzes Hundeleben innerhalb einer Kurzgeschichte? Dazu noch unterhaltsam? Von der Ankunft bis zu seinem Weg über die Regenbogenbrücke? Geht das? Diese Frage kann man getrost mit JA beantworten, denn die folgende kleine Geschichte umfasst ein komplettes Hundeleben und wirkt dabei nicht kitschig und auch nicht unvollständig, sondern emotional.

Im Hier und Jetzt

(Bild & Text: Sara Vucica)

Ich wollte schon immer einen Hund, schon als Kind.

Da ich allerdings sehr verantwortungsvolle Eltern habe, waren die absoluten Ausschlussargumente schon obligatorisch.

Wohin mit dem Tier im Urlaub und wenn man selber krank ist?

Wer kümmert sich darum und wer soll das finanziell tragen, wenn das Tier krank ist?

Und noch weitere gute Gründe, die absolut logisch waren.

Also wurde es vorerst eine Katze. Krümel, aus dem Tierschutz. Eine coole Katze, aber eben eine Katze und Katzen sind nun mal keine Hunde.

Ich wurde also 24 und der Wunsch nach einem Hund begleitete mich noch immer.

Also bekam ich einen zu Weihnachten.

Nein, keinen unterm Weihnachtsbaum. Aber einen Gutschein für einen Hund.

Jeder würde sich jetzt denken: «Yeeeeeeeeeaaaaaaaah, juhuuuuuuuu, endlich ein Hund.»

Ich hingegen bekam einen Heulkrampf und ratterte all die guten Argumente runter, die dagegensprachen und mit denen meine Eltern doch so Recht hatten und teils auch Recht behalten sollten. Ich war berufstätig, Vollzeit, selbständig mit einem Bürojob, den ich zu großen Teilen von zu Hause aus erledigte, aber nicht nur. Also, wie soll das gehen?

Wohin mit dem Hund, wenn ich beim Kunden arbeitete und so weiter …
ich war verzweifelt, aber der Wunsch nach einem Hund war größer als je
zuvor, vielleicht auch, weil mich mein Bürojob mürbemachte und ich
darin den Ausgleich, wenn nicht sogar die Rettung für meine Flucht vom
Schreibtisch sah.

Nachdem alle Eventualitäten beredet, geklärt, Eltern und Freunde sich
zur Hilfe bereit erklärt hatten, zog ich also los.

Ein Welpe musste es sein. Meine Mutter hatte Angst vor Hunden, super
Voraussetzung, weil wir im gleichen Haus leben. Also war alles an
erwachsenen Hunden aus dem Rennen.

Mit einem Welpen zusammenwachsen, konnte meine Mutter sich aber
vorstellen, ein Kompromiss war gefunden.

Im Tierschutz wurde ich nicht fündig. Es war die Zeit, als man meinte,
die Lösung aller Probleme sei die Verordnung für Anlagehunde, was
natürlich völliger Schwachsinn ist und somit quollen die Tierheime an
diesen armen Wesen über, aber keine Welpen.

Ein großer Hund sollte es werden und schwarz und nett. Ich entschied
mich für einen Labrador.

Einfach zu erziehen, Anfängerhund, freundlich, nett, verspielt und
verschmust, soviel zur gelesenen Lektüre, die Realität holte mich später
ein.

Auf Empfehlung entschied ich mich für einen „Züchter", Papiere
brauchte ich ja nicht.

Dies war der erste große Fehler, und die Konsequenzen daraus, bekam
ich in den nächsten Jahren in voller Härte zu spüren.

Ich holte also meinen Welpen ab, ein schwarzer Labbi namens Sam, der
im Laufe der Jahre zum Sams und Herrn Sams umgetauft wurde, neben
weiteren gefühlten 100 Namen, wurden diese zwei die gängigsten.

Was dieser Hund für mein Leben bedeuten würde, war zu diesem
Zeitpunkt niemandem klar und ist für mich heute noch das Großartigste,
was mir passieren konnte.

Schicksal? Bestimmung?

Herr Sams hatte sein Rasseportrait nicht gelesen und auch nicht seinen
Rassestandard, zumindest nicht alles davon.

Er wuchs zu einem 67 cm hohen mit Muskeln bepacktem Rüden von guten 37 kg Kampfgewicht heran.

Er war lebhaft, um nicht zu sagen völlig überdreht, arbeitsfreudig, um nicht zu sagen arbeitswütig, und alles andere, als der leicht erziehbare Anfängerhund, den ich mir gewünscht hatte.

Aber er war großartig. Auf seine eigene, manchmal etwas skurrile Art, einfach großartig.

Ein toller Charakter, oft falsch verstanden zu Anfang, mangels Wissen, welches ich mir in den folgenden Jahren erarbeitete, aneignete und mit ihm durchlebte.

Und er war krank. Ständig, immer, pausenlos.

Alles begann drei Tage nach seinem Einzug; mit einer Grippe, ab zum Tierarzt.

Wäre es nur die Grippe gewesen.

Der arme Knirps war völlig verwurmt, hatte Milben und war vermutlich nicht geimpft. Wir waren auf einen scheiß Welpen-Händler reingefallen, der hübsch Welpen verkaufte in seinem Privathaus, die aus Holland stammten und mit einer gefakten Mutterhündin vorgestellt wurden, wie sich später raustellte.

Ich erstattete Anzeige gegen den Händler, um zumindest irgendetwas dagegen zu unternehmen, und wenigstens andere davor zu bewahren.

Ich war reingefallen auf die totale Abzocke, eigene Dummheit, nun war er aber da und zurückbringen war keine Option.

Es folgten:

Diagnose schwere ED mit zwei Jahren, Schilddrüsenunterfuntkion mit drei Jahren, DCM (Herzinsuffizienz) mit fünf Jahren, ich glaube, dies war das Einzige, was nicht behandlungswürdig war. Umwandlungsstörung der Schilddrüse mit sieben Jahren und unser absolutes Worst-Case-Szenario stand vor der Türe, als der Herr Sams achteinhalb Jahre alt war, wurden Insulinome diagnostiziert, (Insulin produzierende Tumore in der Bauspeicheldrüse), Lebenserwartung drei - sechs Monate.

Doch wenn dieser Hund schon immer eines konnte, war es kämpfen.

Allen Widrigkeiten zum Trotz.

Er konnte immer glücklich sein, immer gut gelaunt.

Besser noch, er konnte andere zum Lachen bringen und so ziemlich jeden mit seiner guten Laune anstecken. Ja gut, er konnte auch so gut gelaunt sein, dass es manchmal nervte, aber selbst dann steckte es einen doch wieder an.

Wenn ich eines von Herrn Sams gelernt habe, ist es, wie wichtig es ist, im Hier und Jetzt zu sein.

Nicht darüber nachzudenken, ob der Tag schlecht werden könnte, sondern den Tag gut werden zu lassen.

Nicht aufzustehen und zu jammern, über Dinge, die man eh nicht ändern kann, sondern den Tag so zu nehmen, wie er ist und auch den nächsten und den übernächsten.

Einfach mal zufrieden zu sein, sich zu freuen, über die kleinen Dinge.

Die Tatsache zu genießen, an so einem klirrend kalten Wintertag, an einem Tag wie heute, durch den Wald zu stapfen und die klare kalte Luft zu genießen und die Sonne.

Nicht aufzugeben, immer wieder aufzustehen und es auf ein Neues zu versuchen.

Und zu kämpfen, für das, was einem wichtig ist.

Ihm war sein Leben wichtig, wir waren ihm wichtig. Hier zu sein, bei uns zu sein, eben im Hier und Jetzt.

Ja ok, ihm waren auch Bälle wichtig und Essen und der Wald und Besuch und Partys bei denen man von jedem der da war, was zu essen abgreifen konnte. Er trotze und kämpfte und siegte!

Nach weiteren dreieinhalb Jahren erlag er nicht der Krankheit, wir ließen ihn ziehen, mit stolzen 12 Jahren, er war alt und er war müde.

Und er wird immer mein *Pathfinder* sein und ewig in liebvoller Erinnerung bleiben.

Das Zusammenleben mit einem Hund ist nicht ganz einfach, denn diese herrlichen Lebewesen entwickeln nach kurzer Zeit ihren eigenen Charakter und versuchen die Rollen zu tauschen. Aus ich Hund und Du Herrchen wird sehr schnell: Du zwar Herrchen, aber ich Chef. In diesem Punkt sind sich alle Hunde einig und dies unabhängig von Herkunft und Rasse. Unsere „Freunde" erobern für sich ganz schnell den Mittelpunkt unseres Lebens, bestimmen die Abläufe, geben uns aber auch manchmal das Gefühl „etwas zu sagen zu haben". Wie es dabei zugehen kann zeigt das folgende Beispiel eines ohnehin schon überheblichen und dickköpfigen Basset Rüden, der glaubte das sein Name „Nein" lautet.

Ich bin der Chef

Lehrjahre eines Herrchens

(Bild: Burkhard Thom; Text: Basset King Kimmi)

Vorab: Als ich im Oktober 2005 im Haushalt meines Herrchens einzog, glaubten alle noch daran, dass ein Hund das Haus mit Leben erfüllt.

Dabei hätte Herrchen es eigentlich besser wissen müssen, denn ich bin der dritte Basset im Leben der Familie. Klare und deutliche Ansage: Ich bin kein Hund, ich bin ein Basset! Wer wirklich glauben sollte, dass es sich bei einem Basset um einen Hund handelt, der sollte sich mit ehemaligen Basset-Besitzern unterhalten. Ich betone ausdrücklich, vor der Anschaffung!

Kurz nach dem Einzug einigten wir uns auf die Chef–Rolle. Demokratische Abstimmung ohne Diskussion, mit dem Endergebnis:

Die beiden Menschen haben verloren, die Chefrolle habe ich übernommen und seitdem mit Politikergeduld und einer kleinen Portion Starrsinn das gesamte Leben, der Familie in meinem Sinne zu gestalten vermocht. Dabei hatte ich zu Beginn schon meine Bedenken, denn bei einem Wort stellen sich meine Nackenhaare hoch. „Nein"! Dieses Wort bestimmte in den ersten Tagen nach dem Einzug mein Leben. Wozu?

ICH muss alles ergründen und entdecken, da ist ein „Nein" nicht hilfreich.

Natürlich versuchten meine Menschen, wie schon vorher bei den Kindern, einen gewissen Grad an Erziehung. Selbst wohl überfordert, ging es in eine „sogenannte Hundeschule". Sozialverhalten und erste Regeln sollten die Kollegen und ich dort lernen. Dabei geht es darum das Herrchen und Frauchen lernen, sich zu benehmen und auf uns einzugehen, im Bedarfsfall auch die Kacke zu beseitigen, wenn mal dringend auf den Gehweg ging.

Den ersten Kurs (Welpengruppe) fand ich noch witzig, denn toben ist etwas für mich.

Kurs Nr. 2 habe ich boykottiert, selbst der Hundetrainer hatte ein Einsehen und stufte mich als „erziehungsresistent" ein und verweigerte weitere Maßnahmen. Dabei kamen die Menschen auf die Idee Begriffe wie „Platz" und „Sitz" zu üben. Mal eine ehrliche Frage: Wenn man meine kurzen Beine sieht, da ist doch bei „Sitz" im eigentlichen Sinne auch schon „Platz" schon mit drin. Warum hier also zwei Begriffe üben?

Seit diesem Zeitpunkt bemühe ich mich redlich, den Kurs bei meinen Menschen zu vervollständigen. Die Lehrportionen müssen allerdings wohl dosiert werden, immer kleine Häppchen, denn so richtig schlau sind die Menschen wohl nicht.

Inzwischen nach fast acht Jahren Ausbildung funktionieren zumindest die Grundregeln. Spaziergänge nicht über 30 Minuten, pünktlichste Mahlzeiten, Ruhepausen nach meinem Gutdünken (auch wenn wir in Eile sind) und KEINE Befehle!

Insbesondere auf laute Stimmen, hektische Anweisungen und Stress reagiere ich allergisch. Dabei reagiere ich männlich.

Ich schalte das Hirn ab, lege den Kopf etwas schief und denke an nichts. Gut, manchmal hat man den Eindruck ich denke überhaupt nicht, aber das ist falsch. Ich vermag sehr wohl das Wichtige vom Unwesentlichen zu trennen, so steht zum Beispiel ein Leckerli immer an der Pool-Position aller Aktivitäten.

Eines ist Fakt: Ich gehorche aufs Wort!

OK – nur den Zeitpunkt bestimme ich selbst!

Ich stelle mir immer wieder Frage: WARUM! Klar werden sie (die Menschen) ihre Gründe haben, aber ich bin ein Basset. Bassets hinterfragen jeden Befehl und meines Wissens nach tun dies auch meine Kumpel, die kleinen Dackel.

Genetisch soll ich vom Jagdhund abstammen, mein Urvater war ein Bloodhound, aber das Jagen gehört der Vergangenheit an.

Manchmal stelle ich meinen extremen Geruchssinn unter Beweis und finde sechs Wochen alte Pizzen im Gebüsch, gerne auch mal 'nen alten Döner oder 'ne verfaulte Maus oder Ratte.

Wenn ich mich dann darin wälze und meine Menschen losbrüllen, verstehe ich die Welt nicht. Jeden Morgen duschen die Zwei, baden in Lotion, Rasierwasser und Eau de Cologne.

Wo ist hier der Unterschied?

In jedem Fall ist meine Variante preislich günstiger.

Eines ist mir fremd. Ich kann Aggressionen nicht ertragen. Deshalb gehe ich auf Hunde nur unter Vorbehalt zu. Erst mal schauen. Hin, Abstand einen Meter und abwarten wie der Andere reagiert. Bemerke ich eine hochgezogene Lefze, Knurren oder Bellen, bin ich weg. Herrchen nennt mich den liebsten Feigling dieser Welt. Ich denke hier hat er mal Recht. Ich mag keinen Streit und gehe jedem Ärger aus dem Weg. Das Beste auf dieser Welt sind Kinder.

Meine Hundeeltern haben zwei Enkelchen und auch wenn die Zwei manchmal nerven, wir haben immer eine tolle Zeit. Wir benehmen uns wie Brüder und Schwester und auch wenn die beiden auf ihren zwei Beinen immer ein bisschen wackelig durch die Gegend laufen, ich passe auf sie auf.

Morgens kommen sie aus ihren Bettchen zu mir ins Körbchen und wir kuscheln bis zum Frühstück.

Mein Gesicht sieht manchmal traurig aus, sagen die Menschen, aber es ist schlicht sentimentale Lebensfreude und ich bin alles andere, aber nicht traurig.

Immer ein kleines Späßchen, mal 'ne geklaute Socke, dem Handwerker die Handschuhe oder die Postboten erschreckt, denn mein Stimmpotential ist gewaltig. Neulich hielt man mich (hinter der Tür) für einen Bernhardiner, die Überraschung war groß als Frauchen die Tür öffnete.

Kurze Selbstbeschreibung zum Abschluss: Ich bin ein liebevoller und angenehmer Lebenspartner.

Ich habe eine hohe Toleranzgrenze, bin auch mal gerne allein. Ich vertrage mich mit (fast) allen Hunden, bin aber auch sehr extrovertiert.
Ich will (so wie Herrchen) immer im Mittelpunkt stehen und lasse mich gerne fotografieren.
Ich habe versucht meinen Lebensunterhalt selbst zu verdienen, hatte schon Bilder im Katalog vom Fressnapf und als Titel einer Radio–Plakat–Werbung. War nett, aber auch stressig, so setze ich weiter auf Herrchen und seine Liebe zu mir.
Im Grunde genommen sind wir ein Team und wenn er weiter macht was ich sage, wird es so bleiben, bis zum Ende meiner Tage.
Vor allem, so lange der Service stimmt!

Die Gassirunde - für manche nur eine lästige Pflicht, doch dabei kann sie so spannend sein wie ein Abenteuer! Der gemeinsame Spaziergang gehört zu den besten Beschäftigungsmöglichkeiten zwischen Mensch und Hund. Gleichzeitig erleben Hund und Herrchen die Welt aus anderen Perspektiven und fördern dabei noch die persönliche Bindung, Gehorsam und gleichzeitigen Respekt füreinander. Mensch und Hund müssen nur Augen und Nase füreinander offenhalten!

Abenteuer Gassigang

(Text: Maximilian Pisacane / Rico; Bild: Ira Prettycloud)

Kaum aus der Tür raus, beginnt das Abenteuer: Gassigang! Ob nun bei entspannter Runde sich mal auf die Sinne des Hundes einlassen und so ganz Neues entdecken oder ob nun beim Guerilla-Gassi inklusive Streiterei mit Hundehaltern vom Typus Besserwisser. So oder so, immer wieder spannend und lustig für mich und meinen Doggen-Mix Rico.

Sogleich geht sein Kopf runter, pendelt hin und her. Seine Nasenflügel vibrieren, jedes Geruchsmolekül wird auf Quantenebene analysiert und abgespeichert. So zeigt er mir die erste Frühlingsblume ebenso wie die Hinterlassenschaften seiner Fellkollegen. Schafe und Kaninchen nehme ich dank des Dog-Radars nun viel eher wahr – ähnlich dem Spinnensinn von Spider-Man. Zuweilen findet er auch einen Schatz – manchmal den Hundeschatz Schafshaufen, manchmal den Menschenschatz verlorene Münzen, viel öfter aber menschliche und hündische Schätze in Form von Begegnungen. Die machen jeden Gassigang zu einem wahrlich lohnenden Abenteuer – Pfoten- und Lachattacken quasi garantiert.

Vieles entgeht mir denn auch, wenn Rico mal nicht dabei ist. So wie die einzelne Strumpfhose über der Ampel. (Was wohl aus der anderen geworden ist? Ob eine der beiden für einen maskierten Überfall genutzt wurden?) Oder auch die ordentlich zusammengestellten Damenschuhe auf dem Bürgersteig (Welche Frau setzt ihre Schuhe aus? Verlieren ist ja noch unwahrscheinlicher … oder?) Ganz zu schweigen von den vielen Tieren: Kein Eichhörnchen oder Hase entgeht mir – sei es (wenn ich Glück habe), dass ich sie zuerst erspähe oder weil Rico diese zuerst erschnüffelt (und ich das hoffentlich rechtzeitig an seiner Körperhaltung bemerke – der kleine Schuft vergewissert sich meist vorher, ob ich achtsam bin, bevor er los jagt). Auch die Ente auf dem Autodach oder so manches moderne Kunstwerk wäre mir wohl entgangen ohne die Spürnase meines Döggelchens. Ob ein neuer Hund in der Nachbarschaft ist, weiß ich oft schon bevor ich ihn gesehen habe. Ebenso, ob die neue Bekanntschaft zu uns passt oder nicht. Denn mein kleines Döggelchen zeigt es mir durch seine Körpersprache an.

So ein Fellfreund erschließt einem eine wunderbare Welt. Im Team nehme ich viel mehr wahr, registriere Dinge, die mir ansonsten entgangen wären…Vom Misthaufen bis hin zur netten Bekanntschaft. Weil mein Hund mit anderen Sinnesprioritäten wahrnimmt und mir dieses wiederum signalisiert. Daher fühl ich mich irgendwie „amputiert", wenn mein Doggen-Wookiee Rico nicht da ist (er spricht manchmal wie der Wookiee Chewbacca aus Star Wars – ich hätte mir wohl mit ihm als Welpe die Filme nicht anschauen sollen – na ja, immer noch besser, als wenn er sich das Pfeifen von R2D2 zum Vorbild genommen hätte). Aber es ist nicht nur das Gefühl, als fehlte was. Nein mehr noch, es ist als sei ich wahrlich „eingeschränkt". Wie jemand, der die Welt nicht mehr zur Gänze wahrnimmt – so als sei man in eine abschirmende Watte gepackt, durch die Gerüche, Geräusche und andere Sinneswahrnehmungen nur noch gedämpft durchkommen.

Welch wunderbare Wesen doch diese Hunde sind, wie viel Energie sie darauf verwenden, uns – die oft irrationalen und inkonsequenten – felllosen Primaten zu verstehen. Und das über Artengrenzen hinweg. Wir Menschen schaffen das ja meist nicht einmal innerhalb der eigenen Art. Für mich ist es daher eine Form des Respektes, dass ich zumindest versuche, so viel Energie wie möglich darin zu stecken, meinen Hund zu verstehen. Und wenn man etwas versteht, dann wird es irgendwie auch zu einem Teil von einem selber …

Fast ist es so, als ob mein Hund wie ein biologischer Satellit ist, der mit exterrestrischen Bahnen um mich kreist. Und dessen Sensoren mir viele Daten aus der Umwelt – SEINER Umwelt – liefern.

Sie sind uns in so vielem ähnlich, als soziale Tiere. Und ihre Wahrnehmung ist doch so anders, so komplementär zu unseren. Kein Wunder, dass viele Anthropologen und Prähistoriker, die sich mit der Geschichte der Hunde beschäftigt haben, der Meinung sind, dass die Verbindung Hund-Mensch ein nahezu unschlagbares Team bildet. Und jeder Gassigang ist ja das moderne Pendant zu den Jagd-Streifzügen unserer Vorfahren, die vor Jahrzehntausenden Freundschaft mit Wölfen schlossen – und genauso ein Abenteuer.

Nach erfolgreichem Besuch der Hundeschule erwacht bei vielen Hundebesitzern der Wunsch nach gemeinsamer sportlicher Betätigung. Insbesondere der Bewegungsdrang unserer Mitbewohner legt den Gedanken an Jogging sehr nahe. Wenn es sich nicht gerade um den lauffaulen und bequemen Basset oder einen eigensinnigen, nach eigenen Wegen suchenden Dackel handelt, sind die Versuche auch von mehr oder weniger großem Erfolg gekrönt. Das dabei die Interessen der Vierbeiner IMMER im Vordergrund stehen, lassen sie uns schnell und ohne Kompromisse spüren.

Morgen will ich 40 Meter schaffen

(Bild & Text: Silke Schön)

Zugegeben, ich komme dezent gewichtsflexibel daher. Leider nur nach oben flexibel. Um das Wachstum zu begrenzen, bietet sich Bewegung an. So ein Hund, egal welcher Größe, mag Bewegung! Er bringt einen immer vor die Tür, sagen die Leute. Das stimmt! Mein innerer Schweinehund schreibt täglich Beschwerdebriefe, manchmal setzt er sich aber leider durch. Diese kleine gemeine Stimme: «Es ist jetzt zehn Uhr abends, es regnet, du bist hundemüde … dann macht sie halt mal auf die Fliesen.» Roxi schaut mich dann mit ihren braunen Augen an und denkt sich wohl zu Recht: «Faule Socke!»

Neu definiert:
Okay, ich nehme mir Sport vor. Sport war für mich früher, dreimal in der Woche ins Fitness-Studio gehen und alles zu machen, was eben gut war. Sport definiert sich in den 40ern mit kleinen Kindern anders: Jede Form von Bewegung, in der du deine Muskeln fühlst oder du sogar außer Atem kommst, ist Sport. Er dient vordringlich dazu, den Ist-Status überhaupt aufrecht zu erhalten. Von Ausbau ist noch lange keine Rede. Aber da muss ich wohl kleine Brötchen backen, denn meine Zeit wächst halt nicht auf den Bäumen. Meine Lust übrigens auch nicht.

Täglich unterwegs:

Ich deklariere das tägliche klägliche Stückchen spazieren gehen also als Sport. Und so läuft er ab: Ich laufe ein paar Meter stramm. Roxi bleibt stehen, um zu schnuppern. Puh, endlich Pause. Ich laufe wieder los (das Antreten erfordert Kraft!), Roxi hängt sich in die Leine, weil sie ein Fahrrad gesehen hat. Darüber freue ich mich sehr, das Gegenhalten ist gut für die Rückenmuskulatur. Wieder schnüffeln. Zwei Sekunden Wadendehnung für mich! Weiter geht's, diesmal schaffen wir 40 Meter am Stück ohne Zwischenfälle. Wieder anhalten, Roxi macht Pipi. Antritt, rasante Beschleunigung auf vier km/h. Mein Puls explodiert. Wann kommt die nächste Schnüffelstelle?? Da … Glück gehabt. Nutze die Pause, um WhatsApp zu checken. Nun fällt das Smartphone runter, weil Roxi weitergeht (nee, sie ist nicht wohlerzogen) und es einen Ruck an der Leine gibt. Nur ein Riss im Display, der gesellt sich zu den anderen. Auf 300 Meter kommen wir jetzt schon. Bergrunter. Es fängt an zu nieseln. Na super, keine Regenjacke an. «Komm, Roxi, wir gehen nach Hause», denkt mein weichgespülter Couchpotatoe-Verstand, «bei Regen macht das doch keinen Spaß!» Sieht mein Hund anders! Sie hat ein Mauseloch gefunden und pustet hinein. Normalerweise kommt nach 30-60 Minuten irgendwann an einer anderen Stelle des Mäusebaus eine Maus heraus und fragt sich, was die Extrabelüftung soll. Keine gute Entscheidung der armen Maus. Roxi ist schnell … Ich stehe im Regen und versuche, es positiv zu sehen. «Nasser kann ich jetzt nicht werden», denke ich und nutze die Mäuse-Wartezeit, um Kniebeugen zu machen. Uuuuh, dieser stechende Schmerz im Knie! Nee, dafür muss ich erstmal abnehmen, nicht, dass was kaputtgeht. Schulterkreisen klappt gut, werfe nachher eine Kopfschmerztablette ein. Ich werde ungeduldig und handle unklug. Ich ziehe Roxi weiter. Die hasst das und legt sich einfach auf den Rücken. Der Regen wird immer stärker. Positiv denken, ein bisschen frische Luft ist gut für das Immunsystem! Der Hund bequemt sich weiter, vermutlich hat sie Wasser ins Auge bekommen … Der Weg bergauf zieht sich, meine Oberschenkel brennen und ich verfluche jedes einzelne Stück Kuchen in den letzten fünf Jahren. Im Spitzentempo von sechs km/h und einem Puls von 150 JOGGE ich die letzten 30 Meter! Ich bin so stolz. Mit Rückenwind und einem ziehenden 5-kg-Kampfzwerg an der Leine fühle ich mich wie ein Leichtgewicht. Tolles Gefühl. **Tatsächlich geschafft!**

Jetzt aber schnell rein, Wunden versorgen, Klamotten waschen, Hund abtrocknen (zufällige Reihenfolge), Kaffee machen, geschwächte Muskeln mit Wärmelampe bestrahlen und den Rest des Nachmittags ganz sicher nur die Augenmuskulatur bei einem guten Buch stärken. Morgen geht's weiter. Dann will ich 40 Meter joggend schaffen.

Überhaupt ist das Thema Erziehung ein Thema und eine Wissenschaft für sich. Egal, ob es darum geht ein Menschlein oder einen Hund zu erziehen, beide brauchen Regeln. Silke Schön hat sich Gedanken zu diesem Thema gemacht und prüft in dieser kleinen Geschichte die jeweiligen Ansätze der Erziehung und Pädagogik auf Gemeinsamkeiten mit der Waldorf-Lehre. Dabei steht nicht nur der Punkt „und er tanzte seinen Namen" im Vordergrund.

5 Dinge, die Hundeerziehung und Waldorf-Pädagogik gemeinsam haben

(Bild & Text Silke Schön)

Ganz ehrlich? Ich kenne fast alle Vorurteile gegenüber der Waldorf-Pädagogik. Ich habe ein wenig Einblick in die „Szene" und schicke sogar meine Kinder in entsprechende Institutionen. Ein Wahnsinn, mag der ein oder andere denken. Doch die Erziehung von Kindern und Hunden hat viel gemeinsam!

Deswegen sind hier meine fünf Gründe, warum Du als guter Hundeführer vermutlich viel mehr Waldorf auslebst als Du denkst …

Rhythmus, Wiederholung und Regeln

Nein, damit ist nicht das gemeint, was Du jetzt denkst. Jedoch schätzen wir alle, dass jedes Jahr Weihnachten ist. Oder der Sommerschlussverkauf. Oder Karneval. Das gibt uns ein Zeitgefühl und einen gewissen Ablauf im Jahr und im Leben. Alles, was sich wiederholt, fühlt sich irgendwie sicherer und geborgen an, nicht ständig neu und unbekannt. Das mögen Erwachsene, Kinder und auch Hunde. Nur brauchen Letztere es in kleinem Maßstab. So ein Hund weiß ja nix von Festivitäten. Jeden Tag spazieren gehen, zur selben Zeit Futter, ähnliche Ruhezeiten.

Das hilft. Waldörfler sind auch alles andere als antiautoritär. Das wird zwar immer behauptet, weil es so schön in die Öko-Wollstrumpf-Hippie-Sekten-Ecke passt. Aber mein Kind meinte neulich: «Boah, in der Schule muss ich immer so viele Regeln beachten, da kann man doch mal eine vergessen.» Ja, Recht hat er. Aber Regeln sind wichtig im Umgang mit und zwischen Menschen und – Du ahnst es – Hunden. Er muss sich auf das verlassen können, was gilt. Konsequenz ist im Grunde Verlässlichkeit auf bereits Gesagtes und nicht die oft suggerierte Strafe bei Fehlverhalten. Menschen und Hunde brauchen verlässliche Regeln.

Individualität
Ganz wichtig in der Waldorf-Welt. Gut erkennbar an vielen Kunstwerken und Gemälden, die natürlich alle unterschiedlich sind. So wie die Kinder und die Hunde! Trau Dich, anders zu denken. Das Clickertraining ist nicht für jeden Hund etwas. Stachelhalsbänder sind nie gut und Agility kannst Du mit einem Neufundländer nur begrenzt ausführen. Deswegen musst Du als Halter DIE fairen Lern- und Erziehungsmethoden finden, die für EUCH beide passen. Das können auch die Rosinen aus jeder stringent vertretenen Lehre sein. Richtig ist, was respektvoll und fair ist, und bei Euch zum gewünschten Ziel führt. Ein guter Hundetrainer weiß das.

Beziehung
Also früher, in meiner Schulzeit, da fand ich die Lehrer am coolsten, die witzig, kreativ und auch ein bisschen streng waren. Die meinen Namen kannten und sich auch was von mir gemerkt haben. Sie sind in Beziehung zu mir getreten und ich habe nicht weniges nur deswegen gemacht, weil sie mich darum gebeten haben, oder mich motiviert haben und mir immer wieder mal gesagt haben, wie toll ich bin. Da könnte man es ja fast glauben ...! So funktioniert es bei Kindern und auch bei Hunden. Wer nur von oben runterbrüllt und seine Macht über das ihm

anvertraute Lebewesen auskostet, der hat vielleicht (!) einen braven Hund. Aber das hat nichts mit Respekt, Spaß am Leben und Lernen und Vertrauen zu tun. Die Frage nach dem „Warum" (warum verhält er sich jetzt so?) sollte Dir stets auf den Lippen liegen. Und: Einfach mal lieb sein und nicht übertrieben pädagogisch wertvoll.

Vorbild und Nachahmung

Eines vorneweg: Ich bin kein Hund. Also kann ich nur bedingt ein Vorbild für meinen Hund sein. Es wird die eine oder andere Verhaltensweise geben, die er sich durch Training abguckt. Vorbild und Nachahmung treffen mehr das menschliche Problem am Ende der Leine. Viele Menschen ahmen andere nach. In der Gruppe ist man stark etc. Bei Kindern ist das natürlich ebenso und viel ausgeprägter. Ich kann noch so viel erzählen – wenn ich es anders MACHE, dann hätte ich mir das monologisieren sparen können. Ich bin als Hundehalter also auch Vorbild für andere. Wenn andere den Output ihres Hundes nicht aufheben, brauch ich es auch nicht. Wenn andere Elektrohalsbänder nehmen, braucht mein Hund das wohl auch. Aber: Wenn dieser Besitzer gut zu seinem Hund ist … vielleicht funktioniert das bei mir auch? Bisher bin ich nicht weitergekommen mit meinen Methoden … Wenn der andere Besitzer seinen Hund an die Leine nimmt, sollte ich das vielleicht auch … Selbsterziehung ist ein Grundpfeiler der Waldorf-Pädagogik. Andererseits verbucht nicht eine spezielle Pädagogik diese Erkenntnis. Das gilt in vielen Bereichen und ist äußerst wirksam. Kann aber auch wehtun, sich den Spiegel vorzuhalten.

Zu guter Letzt: den Namen tanzen

«Dann kann Dein Kind bestimmt seinen Namen tanzen?»

«Ja sicher!», sage ich dann, «und sogar schon in zwei Fremdsprachen!»

Man muss die Eurythmie, das ist diese spezielle Bewegungsform, nicht mögen. Aber sie birgt viel Potenzial, seine Gefühle „raus" zu lassen. Das täte vielen Menschen gut, einen Weg zu finden, mit den eigenen doofen Gefühlen umzugehen. Da hätten Alkohol, Drogen und Gewalt deutlich weniger Nährboden. Nun lernen die Kinder also, sich nach Rhythmus und Takt zu bewegen. Man könnte es auch Aerobic nennen oder Ausdruckstanz. Egal, wie es heißt, es hilft, einen Bezug zu seinem Körper zu finden, in sich anzukommen und seine Erlebnisse zu verarbeiten. Wer mit sich im Reinen ist, schenkt auch seinem Hund einen stressfreien Raum. Denn der will uns ja gefallen und liest unaufhörlich unsere Stimmungen, Gestik und Mimik. Geh also tanzen oder zappele vor dem Radio rum! Und vielleicht macht Dein Hund ja mit.

Alles muss erforscht werden, Erfahrungen werden gemacht, und manchmal bietet das Leben auch Überraschungen, an die der Welpe nicht gedacht hat. Ob Dackel, Dobermann oder Labrador; alle sind neugierig auf das, was ihnen die Welt so aufzeigt. Dabei erleben die kleinen Vierbeiner aber auch Dinge, an die sie ihr ganzes weiteres Leben denken werden. Dabei müssen diese Erlebnisse nicht einmal schmerzhaft sein, oft reicht schon ein kleiner Kälteschock.

Dackel, eisgekühlt

(Text & Bild: Jasmin Sachse)

Welpen wollen und müssen die Welt entdecken, damit aus ihnen eines Tages mehr oder weniger große Hunde werden, die den Abenteuern des Alltags entspannt entgegentreten.

Deswegen habe ich meine beiden Dackelkinder überall mithingeschleppt, um sie an die große, aufregende Stadt zu gewöhnen.

Dazu gehörten natürlich auch öffentliche Verkehrsmittel und an einem kalten, frostigen Wintertag machten wir uns auf die Reise.

Buddy, der mutigere der beiden, war total fasziniert vom Zugfahren und schaute sich mit großen Augen um.

Lucy war es eigentlich egal, wo sie war, Hauptsache, sie konnte auf meinem Schoß liegen.

Ich hoffte einfach nur inständig, dass während der Fahrt, die etwa zwanzig Minuten dauerte, keine Welpenblase auslief.

Doch die Fahrt verlief entspannt. Der Schaffner wurde wedelnd begrüßt, das Kinderticket, das ich für die beiden gelöst hatte, war nicht aufgefressen worden, und Lucy, die vor neuen Dingen oft Angst hatte, war ruhig und schlief. Der Bahnhof war wie immer laut und voller Menschen, fremde Gerüche umspielten die schnüffelnden Dackelnasen. Unser Startbahnhof war nur eine verhältnismäßig kleine Haltestelle mit ganzen drei Gleisen, das hier war der Hauptbahnhof.

Doch auch hier blieben die kleinen Würstchen die Ruhe selbst.

Wir wollten meinen Partner von der Arbeit abzuholen und noch im angrenzenden Park einen kleinen Spaziergang zu machen. Wir erreichten unseren Treffpunkt ohne Probleme, weder die dicht befahrenen Straßen, noch die vielen fremden Menschen und fremde Hunde hatten die Dackelkinder verunsichert.

Es lief perfekt, nun, allerdings nur bis hier hin.

Die kleinen Hunde freuten sich sehr, als sie bemerkten, wer hier auf uns wartete, und nach einem kurzen Freudentanz spazierten wir durch den Park.

Obwohl es kalt war, begegneten wir vielen Joggern und Radfahrern, die Dackelköpfchen drehten sich hin und her um all die aufregenden Sachen zu sehen.

Der Park ist ziemlich groß und in seinem Zentrum befindet sich ein riesiger See.

Wir hatten vor, nur ein kleines Stück am See vorbeizulaufen und uns dann auf den Heimweg zu machen, denn es war für die beiden Kleinen trotz Pausen schon eine weite Strecke und es war auch ziemlich kalt.

Der See lag friedlich und in der späten Nachmittagssonne glänzend da. Im Sommer kann man darauf mit Booten fahren oder es sich am Ufer auf den Bänken mit einem Eis bequem machen, jetzt jedoch schwammen nur ein paar Enten und vereinzelte Schwäne darauf.

Und die hatte Buddy erspäht.

Wir waren nahe am Ufer entlanggelaufen und so schaffte es der kleine Rüde, unvermittelt einen großen Sprung zu machen, um das hochinteressante Federvieh genauer unter die Lupe zu nehmen. Erschrocken stand Buddy mit seinen Pfoten im eiskalten Wasser.

Es war nicht tief, dort, wo er reingesprungen war, doch er war nur ein kleiner Welpe und für ihn stand das Wasser fast bis zur Brust. Wir holten ihn sofort wieder heraus, doch er schlotterte erbärmlich in der frostigen Luft. Es war sehr kalt, wir standen mitten im Park und unser Welpe war klitschnass.

Mein Freund zögerte nicht lange und wickelte den kleinen vierbeinigen Eiszapfen in seinen Pullover und wir beeilten uns, zu seinem Auto zu kommen. Die Heizung lief auf Hochtouren und ich hatte Buddy mit in meinen Mantel gesteckt und wärmte ihn.

Geschadet hat ihm das winterliche Bad übrigens nicht. Als wir im Frühling wieder in diesem Park waren und den Spaziergang nachholten, hatte er nur plötzlich gar kein Interesse mehr an den Enten.

Natürlich ist jeder Besitzer eines Hundes um Reinlichkeit bemüht. Nicht nur der Hund selbst wird regelmäßig schamponiert, gebadet und gebürstet, nein auch das Umfeld wie Körbchen, Decke und andere Aufenthaltsorte unterziehen wir meist mit großer Sorgfalt einer Inspektion. Herrchen ist manchmal etwas großzügiger, aber Frauchen dafür um so pingeliger. Ein Punkt lässt sich aber meist nicht vermeiden, die Haare. Wir schützen also unsere Sitz- und Liegemöbel mit Schutzdecken, so gut es geht, aber ob das hilft?

Haarige Zeiten

(Bild & Text: Horst Knoblich)

Gleich Anfang März hatte unser Hund Leo seine Freundin Lara zu Besuch. Mit Übernachtung, Vollpension und Spielstunde. Lara ist ein Sofahund, Leo nicht, weil, weiße Schäferhunde brauchen keine weiche Unterlage, die lieben es hart und kantig, so richtig männlich halt. Haben wir gelesen. Dummerweise haben wir vergessen Leo diese Broschüre ans Herz zu legen. Das ist der Grund, warum der harte Kerl eher *verzärtelt* daherkommt.

Zurück zum Besuch. Lara als feine Border-Collie-Dame macht sich nicht schmutzig. Um zu verhindern, dass unser Sofa den Hund eventuell ver-/beschmutzt, haben wir eine große gelbe Decke als Pufferzone darüber ausgebreitet. Lara ist zufrieden mit unserem Service und lässt sich auf dem Sofa nieder. Prinzessin auf der Erbse lässt grüßen.

Leo: «Wie, du gehst da rauf? Darfst du doch gar nicht. Das ist der Platz von meinem Chef.»

Lara: «Klar, darf ich doch. Das hat mein Chef geklärt.»

«Sicher?»

«Sicher!»

«Hey, da ist aber noch viel Platz über.»

«Du darfst hier nicht rauf, hast du selbst gesagt.»

«Sieht doch keiner.»

«Doch, ich. Ich belle, wenn du hier rauf willst.»

«Petze.»

«Na und?!»

«Ich komm jetzt rauf, mach mal Platz.»

«Tust du nicht!»

«Doch!»

«Wau, wau!»

Michaela kommt ins Wohnzimmer, um nachzusehen, was der Lärm bedeuten soll, und sieht, wie die beiden das Sofa beschlagnahmt haben. Ganz unschuldig blicken Leo und Lara aus der Wäsche. «Beweg dich nicht, dann merkt sie es nicht.»

Das Wochenende mit den zwei Gumminasen ist kurzweilig. Der eine will raus in den Garten, die andere genießt lieber die Märzsonne vom Wohnzimmer aus, dann toben beide durch den Garten, dass die Heide wackelt. Der Durst wird am Teich gestillt und bei der Gelegenheit versucht sich Lara nebenbei als Hütehund und probiert die Fische zusammen zu treiben. Die bleiben davon unbeeindruckt. Leo auch, er hat es nicht so mit dem Zusammentreiben der Fische, außerdem kennt und respektiert man sich. Jeder bleibt in seinem Element. Wäre ja noch schöner, wenn die Glitschemänner auf seine Decke wollten – das geht ja gar nicht. Ne, ne, hier wird messerscharf getrennt. Leo lässt nur eine einzige Ausnahme zu: Wenn ich den Fischen ihr Futter gebe, steht er sabbernd neben mir und will auch was haben. (Wenn die Fische nicht hinsehen, darf er naschen. Aber das bleibt bitte unter uns!)

Leo entpuppt sich auf den Gassirunden als vollendeter Gentleman und lässt Lara überall den Vortritt.

«Na, mein Junge, ist dir der Wald mal wieder nicht geheuer?»

Wuff (och, nöö, ich will Lara nicht den Spaß verderben).

Wenn es aber um Frühstück oder Abendessen geht, hat bei ihm der Gentleman Pause. Lara, das Dusselchen, lässt das auch noch mit sich machen. Ab sofort gibt es Einzelfütterung oder Lara wird magersüchtig und Leo fett.

Und dann besitze ich auch noch die Frechheit, die gelbe Decke zur Seite zu räumen und es mir mit einem Joghurt auf meinem Sofa bequem zu machen. Lara ist das schnuppe, die quetscht sich mit drauf. Leo schmeißt sich vor das Sofa, sein Kinn ruht auf meinem Knie.

Langsam werde ich unruhig, ich fühle mich beobachtet. Hier wird jeder Löffel gezählt und taxiert, den ich mir in den Mund stecke.

«Oh, ich auch.»

«Schmatz!»

Das Wochenende ist um, Lara muss wieder zu ihren Leuten, der Alltag kehrt zurück. Das heißt für Leo, kein zusätzliches Futter, welches Lara zufällig übergelassen hat («Das magst du doch nicht mehr - oder?»). Keine Lara, die sich auf dem Sofa lümmeln darf, während er auf dem Fußboden liegen muss. Dafür bekommt er die volle Ladung Aufmerksamkeit, Kopfkraulen und Ohrenknuddeln ab.

Das weichste Fell hat er an den äußersten Spitzen der Ohren, das auf dem Kopf ist auch nicht zu verachten. Am dichtesten ist sein 'Dagobert', der Backenbart. Da hat er mächtig zugelegt, eine richtige Löwenmähne wird das mal werden. Die Flanken sind auch kuschelig weich, die längsten Haare hat er an der Rute, die borstigsten am Maul. Und dann der Schock: Leo ist nicht reinrassig, nicht von edlem Geblüt. Beweise? Kein Problem. Leo hat an seiner rechten Seite ein schwarzes Haar. Rabenschwarz. Kohlrabenschwarz!

So oft wir auch versuchen diesen Makel durch Rausreißen desselben zu vertuschen, es nutzt nichts, es wächst immer wieder nach. Reden wir nicht mehr darüber.

Reden wir über Hundehaare im Allgemeinen und Leos im Besonderen: Haare auf dem Teppich, Haare an den Hosen, Haare neckisch eingearbeitet im Pullover, Haare auf der Treppe, Haare im Badezimmer (wo Leo nur ein- oder zweimal war), Haare auf der Abtretmatte, im Kofferraum vom Auto, im Flusensieb der Waschmaschine, büschelweise Haare im Nest der Amsel rechts im Efeu, Haare auf dem Teichwasser, Haare unter den Schränken, Haare wohin man blickt.

Seitdem der junge Herr Leo vom Welpen zum Junghund heranwuchs, wuchsen auch die haarigen Probleme. Zu Beginn dachten wir noch, gut, das ist jetzt der Fellwechsel, superweiches Babyfell ade, willkommen borstiges Alltagskleid. Doch weit gefehlt. Leo verliert in einer Tour Haare, extrem nach dem Baden. Streng genommen müsste er schon lange eine totale Glatze haben.

Im Gespräch mit einer Bekannten meint Michaela eines Tages: «Es gibt drei Arten mit dem Haarproblem umzugehen. Erstens: man ärgert sich zu Tode und ist ununterbrochen am Fegen. Zweitens: man verzweifelt wegen der Haare die überall rumfliegen. Oder drittens: man wird schlichtweg wahnsinnig.» Wir sind bereits bei viertens angekommen: man ignoriert das und lebt einfach mit dem Umstand, dass man die Dinger überall und zu jeder Zeit findet.

«Sag mal Schatz, wieso sind neuerdings immer so viele Leohaare auf dem Sessel? Hast du die unter den Füßen kleben und trampelst auf dem Sessel herum oder was ist los?»

«Du weißt doch genau, dass ich nur auf dem Sofa sitze oder liege. Auf dem Sessel sitzt nur der Besuch. Aber du hast recht, das ist mir auch schon aufgefallen. Ich habe da einen bösartigen Verdacht.»

Dabei deute ich schamlos auf Leo, der wiederum sieht uns an, als könne er kein Wässerchen trüben.

«Was meinst du?»

«Leo liegt auf dem Sessel.»

«Glaube ich nicht.»

«Ich schon - oder was für eine vernünftige Erklärung gibt es sonst für die weiße Pracht auf dem Sitzmöbel?»

Leo klappt seine Ohren runter. Immer wenn er das macht, sieht er aus wie 'Meister Yoda' (nur nicht so graugrün) und hat ein schlechtes Gewissen.

«Wusste ich es doch!», triumphiere ich. «Wo ist denn die Bürste?»

Bei dem Wort Bürste gehen Leos Ohren noch weiter runter. Eigentlich mag er es, wenn man ihn bürstet. Uneigentlich findet er es doof. Das ist uncooler Mädchenkram.

Ich befreie den Sessel von den Haaren und rede Leo ins scharf Gewissen: «Hund, höre: ich untersage dir hiermit das Besteigen der Sitzmöbel. Des Weiteren verbiete ich Dir ausdrücklich das Haaren. Alles klar?»

Wuff, grummel.

Am kommenden Morgen sind doppelt so viele Haare auf dem blauen Bezug. Wo ist die Bürste?

Dann der entscheidende Beweis: Michaela ertappt Leo in flagranti.

«Hab ich dich, Bursche? Du darfst doch nicht hier hoch.»

Jammer, winsel.

«Da reden wir heute Abend drüber.»

«Wir können den Sessel ja wohl kaum verminen oder mit Stacheldraht sichern. Da bleibt nur die Möglichkeit, die Tür nachts zu schließen.»
«Kommt ja überhaupt nicht in Frage!», verteidigt Michaela ihren Hund.
«Dann müssen wir eine Decke drüberlegen.»
«Das gefällt mir schon besser.»
Leo wedelt mit seiner hinteren Verlängerung und wirbelt gleich noch ein paar Haare auf.

Seit jenem denkwürdigen Tag im März 2005 gehört der Sessel jetzt ganz offiziell Leo. Eventueller Besuch hat sich mit ihm abzusprechen und seinen Schlafgewohnheiten unterzuordnen. Da könnte ja jeder kommen und sich einfach da hinsetzen. Und wenn dann da doch jemand sitzt - unangemeldet sitzt - und Leo das sieht, ist er beleidigt (der Hund).

Leos Sicht der Dinge:

Jeden Abend bekommt der feine Herr seinen Sessel frisch bezogen. Der Herr möchte sich nicht schmutzig machen, darum besteht er auf seine gelbe Decke. Ohne Decke kein gemütliches Nickerchen und ohne Nickerchen hat der Herr schlechte Laune. Deswegen hat um Punkt achtzehn Uhr elf der Sessel hergerichtet zu sein.
Unsere Sicht der Dinge:
«Leo! Verflixt! Wartest du bitte mit dem Sesselbesteigen, bis ich die Decke drübergelegt habe. Ich will nicht ständig deinen Dreck vom Sessel bürsten. Du trittst dir ja nicht mal die Füße ab, wenn wir wieder reinkommen. Also warte. Hallo! Ich habe warten gesagt. Bist du taub? Runter vom Sessel! Du bist nass und dreckig wie ein Schwein.»

Die Wahrheit:

Der Sessel steht da wie immer. Selten bis fast nie sitzt da jemand. Die Sofas sind tabu für Leo, das weiß er auch. Aber der Sessel ...
Eines schönen Abends wagte er es. Erst eine Pfote (schnell ein gaaanz unschuldiger Blick in die Runde), dann die zweite Pfote (jetzt bloß nicht umdrehen), den Hintern hinterher, ganz schnell hinlegen, Augen zu und

gut. Das Wort "Chefsessel" bekommt augenblicklich eine neue Bedeutung.

Der Sessel vor Hund: Ein strahlendes, leuchtendes Tintenblau, leicht samtiger Flor, angenehmer Härtegrad, gemütlich nach außen geschwungene Armlehnen, Rückenlehne bequem geneigt.

Der Hund: selten strahlend weiß, mittellanger bis langer Flor, stark haarend.

Der Sessel nach Hund: Das schöne Blau hat einen leichten Touch ins schmutzig Graue. Sitzfläche, Rückenteil und Armlehnen sind dekorativ mit Unmengen von weißen Haaren jeglicher Länge ver(un)ziert.

«Super. Da muss eins von Leos Trockentüchern drauf und oben drüber die gelbe Decke. Wenn nicht, ist der Sessel in null Komma nichts reif für den Müll. Die Decke kann ja drauf liegen bleiben. Wenn Besuch kommt, nehmen wir sie einfach runter.»

Trotz aller Bemühungen dem Hund eine anständige Ausbildung zukommen zu lassen, gibt es immer wieder Hindernisse, die man nicht kannte und auch nicht vorhersehen konnte. Ein Spürhund findet jede Spur. Unserer zum Beispiel, findet auch nach vielen Monaten jeden alten Pizzarest und jeden noch so kleinen Dönerkrumen. Malteser und Möpse eignen sich(eigentlich) nur zum Liebhaben und zum Kuscheln, während Bernhardiner oder Landseher eher als Hofhunde gehalten werden sollten. Wie ist das aber mit dem Jagdhund? Hier eine besondere Geschichte zu diesem Thema.

Der Jagdhund, der nicht jagen darf ...

(Bild & Text Yvonne Mohr)

Der Titel ist ja so als solcher schon tierschutzrelevant, aber ich trau mich trotzdem mal aufs Eis.

Ganze drei Jahre ist es jetzt her, als ich mich entschlossen nach einer vierbeinigen Mitbewohnerin umgesehen habe.

Über die Rasse musste ich nicht lange nachdenken, war ich doch allein schon von der Optik des Magyar Vizsla restlos überzeugt.

Eigentlich gefiel mir ja der Rhodesien Ridgeback total, aber puhhh, die sind ja nicht so ganz ohne ... ließ ich mir sagen.

Welch ein Glücksfall, dass der Vizsla genauso toll aussieht, aber viiieeel einfacher ist ... das ließ ich mir auch sagen. So weit zu dem, was einem andere so sagen – lassen wir das einfach mal so stehen.

Gesagt, getan: Eine 8 Wochen alte Vizsla Dame bezog unser Heim. Da ich mich ein wenig in dem Thema Hund auskannte, ersparte ich mir lange rassespezifische Abhandlungen – Hund ist schließlich Hund, und ja gut – jagen?

Tun sie das nicht alle, die einen mehr, die anderen weniger? Und überhaupt, auf die Jagd gehen wollte ich mit ihr ja eh nicht.

Also, da wird dann halt von Anfang an am Rückruf trainiert und dann wird's schon laufen.

Jaahhaa, heute wird mir auch ganz anders, wenn ich da so drüber nachdenke, aber hey – so war es, also warum schönreden?

Eineinhalb Jahre Schwerstarbeit, sach ich euch.

Diese Hündin brachte mich an den Rand der Verzweiflung. Nein, sie war zuckersüß, ehrlich und natürlich habe ich sie vom ersten Tag an geliebt, ABER ...

Sie stellte vom ersten Tag an so ziemlich ALLES in Frage, ich sah aus, als hätte ich mir eine Katze angeschafft, sie sprang den ganzen Tag wie ein gedoptes Känguru durch die Gegend und war gefühlt nie, niemals müde.

Boa, war die anstrengend, so anstrengend, dass ich beim Tierarzt die Schilddrüsenwerte nehmen ließ, bei dem Barf Shop um die Ecke einen Ernährungsplan aufstellen ließ und bei 5 Hundetrainern vorstellig wurde.

Die im Übrigen alle was Anderes sagten, nun ja – anyway ...

Auslastung, es hieß immer nur – der Vizsla müsste ausgelastet werden, wenn er nicht als Jagdhund geführt werden würde.

Also weiter, ein eigens angeschafftes Agility Equipment, Ausbildung zum Rettungshund, zum Spaß ein bisschen Dummy-Arbeit und Grundgehorsam – oh ja, das allerwichtigste – Grundgehorsam. Herrschaftszeiten, mein armer Hund!

Nach eben diesen eineinhalb Jahren Schwerstarbeit beschlossen meine Hündin und ich solidarisch am Trainings-Burnout zu erkranken und ließen von heut auf morgen fünfe gerade sein und taten einfach mal nichts mehr – GAR NICHTS MEHR!

Okay ja klar, spazieren gehen. Schnödes, ödes spazieren gehen. Ich setzte mich rotzfrech einfach mal über sämtliche Empfehlungen hinweg und gönnte uns beiden eine Pause.

Heute ist sie drei Jahre alt und – nun ja -was soll ich sagen? Wir machen immer noch Pause.

Wir leben und erleben jeden einzelnen Tag miteinander neu, spielen, laufen, raufen und „üben" zwischenzeitlich immer mal wieder das Erlernte – Rückruf, ihr erinnert euch?

Herrgott, was war ich stolz auf meine zwar leicht durchgeknallte, aber so gut „funktionierende" JAGDhündin.

Konnte ich doch tatsächlich mit ihr gefahrlos durch die Obstplantagen schlendern, in denen sich täglich mehrere hundert Rehe und Hasen zum Flashmob verabredeten.

Erwähnte ich schon, dass ich einen Hang zur Übertreibung habe?

Egal!

Meine Hündin beherrschte auf jeden Fall die Königsdisziplin – Abruf aus dem Sprint – Tschaka.

Ein energisches Nein reichte, um sie von ihrem Vorhaben abzubringen.

Was also in Herrgottsnamen ist ihr heute in den Kopf gekommen?

Manche sprechen von Smarties, andere von Murmeln – is mir eigentlich auch Wumpe – die mühsam erarbeitete Konditionierung des Wortes NEIN (mein Abbruchsignal – nicht das die Trainer wieder hibbelig werden, von wegen Nein ist kein Kommando und so …) schien auf jeden Fall in den unendlichen Weiten des Gehirns verschwunden gewesen zu sein und meine Hündin nahm, nach vorbildlicher Vorsteharbeit, die Verfolgung einer Katze auf.

Ich führte mich auf wie ein kleines Kind, welches wütend mit den Beinen aufstampft und sich die Seele aus dem Leib schreit, mir schlug der Puls unter der Kinnlade, wie bei einem Choleriker, und gedanklich hatte ich kurzfristig mit dem Leben meiner Hündin abgeschlossen.

Die Katze nämlich nahm nicht den sicheren Weg an den Apfelbäumen entlang, sondern steuerte geradewegs auf die Hauptstraße zu.

Worst Case sozusagen.

Nun, ich würde hier nicht so entspannt sitzen und diese Zeilen verfassen, wenn die Geschichte nicht doch noch ein glückliches Ende gefunden hätte.

Ich weiß nicht, wer von beiden die Richtung wechselte, aber nach gefühlten fünf Stunden (in Echtzeit waren es wohl eher 30 Sekunden) kam meine Hündin zurück und was ein Wunder – das Gedächtnis funktionierte wieder – sie wusste genau, dass sie nach so einer Nummer ihre leinenlose Freiheit erstmal wieder für unbestimmte Zeit an den Nagel hängen kann. (Ja ja, das interpretiere ich da nur rein – schon klar)

Und was ist die Moral der Geschicht`? Einen Jagdhund der nicht *jagd*, den gibt es nicht.

Von der Geburt auf Umwegen ins Leben. Aus der Wurfbox in geordnete Verhältnisse und wie denkt letztlich der Mensch darüber? Das liebevolle Verhalten der Hündin gegenüber ihren Jungen, die ersten Begegnungen mit dem (in diesem Fall) bildungsneutralen *Hundezüchter, der Weg über das Tierheim, bis hin zur ersten Begegnung mit dem späteren Herrchen, schildert Rico eindrucksvoll in seiner eigenen Hundesprache.*

Aber die kleine Geschichte beinhaltet „auch" eine kleine Liebesgeschichte vom Herrchen, das die Veränderung im Leben wunderschön beschreibt.

Als Rico kam, änderte sich alles ...

(Maximilian Pisacane / Rico; Foto: Der Papagraf)

Meine Geschichte bevor ich meinen Menschenpartner traf ...

Ganz schön eng hier ... *ohrüde* (Menschensprache: Oh Mann), ist das unbequem ... was ist denn los? Und was drückt mich da von Hinten? Und plötzlich wurde es etwas heller ... Mein Kopf fühlte sich etwas kühler an, als mein Körper ... Etwas fasste mich an, zog ganz sanft an mir ... und mit einem Schwupp flutschte ich aus irgendwas raus ...

Puh, war das anstrengend ... Sogleich spürte ich etwas Warmes, nasses an mir. Eine Zunge (ich ahnte damals natürlich noch nicht den Namen). Liebevoll strich sie über meinen Körper, leckte die Reste meiner Geburt von mir. Ich sog sogleich den Geruch auf. Meine Mutter! Sehen konnte ich sie nicht. Meine Augen waren ja noch geschlossen. Damals dachte ich noch: Das wäre normal und würde so bleiben ...

Hinten an mir bewegte sich etwas heftig. Immer hin und her ... und da war so ein schönes Gefühl dabei ... Es war meine Rute, die zum ersten Mal in meinem Leben wedelte! *heftigschwanzwedel*

Denn ich empfand Freude bei dem Geruch meiner Mutter und dem Abschlecken durch sie.

Rüde (Menschensprache: Mann), so 'ne Geburt schlaucht ganz schön. Das haut den stärksten Baby-Molosser um! Ich war ganz schön hungrig. Daher begab ich mich sogleich auf die Suche nach was Essbarem. Denn das Luxusleben mit Frei-Haus-Futter-Lieferservice war ja seit dem Durchtrennen meiner Nabelschnur zu Ende. *ohrennachvorn*

Aber meine Instinkte, meine Nase wiesen mir den Weg und ein paar hilfreiche Stupser meiner Mutter korrigierten meine ersten tapsigen Schrittchen (sofern man meine ersten Krabbelversuche so nennen will).

So fand ich den Weg ... Und da wartete schon das erste Abenteuer in der neuen Welt. Denn meine vor mir auf die Welt gekommenen Geschwister drängten sich schon an den Bauch unserer Mutter. Dort waren ihre Zitzen, an denen wir uns laben, und nach der anstrengenden Geburt auch stärken können. Aber erst mal an eine rankommen! Und so warf ich mich in das Gewühl meiner Geschwister: drängte hier, drückte dort. *fiepschnauff*

Aber irgendwann hatte ich es geschafft und eine Zitze ergattert! Gierig sog ich die Milch daraus auf.

Als ich fertig war, leckte meine Mutter mir den Bauch. Das tat gut, war echt angenehm ... und half mir beim Verdauen. *rülps*

Nachdem ich mich gestärkt hatte, war ich echt geschafft. *seufz*

So viel war schon geschehen, seit ich auf die Welt gekommen war: die Geburt, das Kennenlernen meiner Mutter und ihrer Zunge, die Rangelei mit meinen Geschwistern, das Milchtrinken ... *amohrkratzt*

Und erst die vielen Gerüche ... Sogleich füllte sich meine Geruchsdatenbank. An erster Stelle stand da natürlich der Geruch meiner Mutter, der war der wichtigste, ja geradezu überlebenswichtig.

Kein Wunder, dass ich da sehr müde war. *gäääähn*

Aber ich wollte noch nicht schlafen. *schüttel*

Ich war doch soeben erst auf die Welt gekommen - die wartete doch auf mich, wollte entdeckt werden. Und so saß ich dann da und nein ich schaute nicht in die Welt - das ging ja nicht, weil meine Augen geschossen waren. Aber ich konnte sie bereits riechen! Und so sog ich die Geruchsmoleküle der Umgebung neugierig auf. Etwas modrig roch es, mit einer Brise Feuchtigkeit (damals wusste ich noch nicht, dass es ein Keller war). Das war also die Welt!?! Na, da bin ich ja gespannt! Aber war das schon alles? Irgendetwas fehlte doch, ich wusste nicht was, aber ich spürte es genau, in mir, denn eine Stimme in mir, ihr 2-Beiner nennt es wohl Instinkt, sagte mir, dass ich noch nicht ganz "komplett" war, dass da noch was fehlte, was mir die Welt zeigte, seine Welt und ich sollte meine Welt zeigen. Aber was war das?

Mit diesen Gedanken und den ersten Eindrücken der Außenwelt schlief ich dann doch ein. Erst sackte mein Kopf immer tiefer herab, dann kippte ich einfach um ... *schnarch**gääähn*

Ohrüde (Menschensprache: Oh Mann), das "Geworfen-werden" ist ganz schön anstrengend. Und dann noch die vielen Eindrücke am ersten Tag, selbst mit meinen noch geschlossenen Augen. Wobei "Tag" trifft es nicht so ganz genau, eben auch weil meine Augen noch geschlossen waren. Heute weiß ich, dass es nicht wirklich Tage waren, heute würde ich eher von "Wachphasen" reden, aber damals, als kleiner Welpe in diesem verdreckten Keller, da waren das eben "Tage" für mich. Ich wusste es nicht besser, war ja noch sehr jung ...

Jedenfalls wachte ich an diesem "Tag" auf, nicht weniger neugierig auf dieses Ding, was man "Welt" nennt und auch wieder sehr hungrig. Aber noch war es auszuhalten, außerdem hatte ich so ein seltsam drückendes Gefühl in der Bauchgegend. So, als wolle dahinten was raus. Also aufstehen: *reckstreck*

Passt ja, muss ich ja eh um die "Welt" zu erkunden (noch immer wusste ich zwar nicht genau, was das war, aber ich spürte, es war wichtig). Und so tapste und krabbelte ich los - immer meiner Nase nach. *schnüffel*

Ein paar meiner Geschwister waren vor mir wach geworden. Ich hörte ihr Fiepen, dann erreichte ich eine Stelle, die stark roch. Und voller Informationen war. Geruchsinformationen um genauer zu sein. Das Gefühl, so als ob da was raus will, wurde stärker, was geschieht da? Mein Hinterteil zuckte - ich drückte. Und setzte meinen allerersten Haufen in die Welt. *schwanzwedel*

Huiiii, war das ein tolles Gefühl. Irgendwie befreit und auch bereit, endlich die Welt zu erkunden. Zwar hatte ich auch wieder Hunger, aber noch nicht so dolle - die Neugierde war einfach größer. Und so tapste ich nach meinem ersten Geschäft im Leben weiter.

Ich roch und hörte meine Geschwister, folgte ihren Gerüchen und Tönen. Was mochte mich nur erwarten? Wie groß wohl diese Welt wohl sein mag? Welche Gerüche warteten auf mich? Was war dieses Ding namens Welt überhaupt? Und dann ...*RUMMMS!* Was war das? *schüttel*

Es gingt nicht weiter ...

Vorsichtig schnüffelte ich. *sniffsniff*

Der Geruch war mir nicht unbekannt, hatte ihn schon an meinem 1. Tag wahrgenommen. Nun aber war er wesentlich näher, intensiver. Kam mir nicht bedrohlich vor, wie alles speicherte ich ihn sogleich in meiner Geruchsdatenbank ab (erst später sollte ich lernen, dass ihr Menschen das "Holz" nennt). Ich kroch ein wenig dieses Ding entlang, Drumherum ging auch nicht ...*fiep*

Aber warum blockte es mich von der Welt ab? Oder war das etwa schon die Grenze der Welt? War sie hier auch schon zu Ende? *amohrkratztgähn*

Also wenn das die Welt sein sollte, dann ist das aber 'ne ziemlich kleine Angelegenheit. Da hörte ich ein neues Geräusch - ein neuer Duft drang in meine Nase. Meine Geschwister fiepten aufgeregter. Ich tapste daher in ihre Richtung, schließlich war ich ja neugierig, was da kommt. Doch dann roch ich die Nervosität meiner Mutter, irgendwas schien sie zu beunruhigen. War der neue Geruch oder das wo er herkommt etwa gefährlich? Sicherheitshalber blieb ich daher auf halber Strecke zu meinen Geschwistern stehen, die gegen die Grenze der Welt mit ihren Pfoten drückten und dabei aufgeregt fiepten.

Ich schaute zwischen meiner Mutter und meinen Geschwistern hin und her. Wobei "schauen" das falsche Wort ist, denn meine Augen waren ja noch geschlossen. Ich meine auch schauen eher im hündischen Sinne - mit der Nase. Mutter war angespannt, ich roch ihre Nervosität, ihre Unsicherheit ... Was war denn los?

Hin und her gerissen zwischen meiner Neugierde und meiner Mutter, schnüffelte (Menschensprache: schaute) ich ebenfalls hin und her. «Du bist schlau mein Sohn», sagte Mutter zu mir (also sie sprach nicht wie ihr felllosen Primaten, aber sie ließ es mich "fühlen"). Ich wollte wissen, wie sie das meinte, und so signalisierte sie mir: «Du bist neugierig genug, um viel zu lernen - das bereitet dich auf das Leben vor. Und du kannst dich auch beherrschen, folgst nicht jedem Impuls - das hilft dir zu überleben.» Ich hatte noch mindestens zehn Fragen im Kopf. Aber da hörte ich ein seltsames Geräusch (später erfuhr ich, dass es von einer "Tür" stammte - aber die lag ja noch außerhalb meiner bis dahin existierenden Welt). Der Duft von vorhin war nun intensiver. Irgendwie süßlich-scharf (das kam von alten Schweiß), gemischt mit einer starken Note von etwas (noch) Unbekanntem (es war Alkohol) ...

Aufgeregt fiepten meine Geschwister, zumindest diejenigen, die sich an der hölzernen Grenze unserer Welt drängten; einige hatten auch bei Mutter Schutz gesucht - ich saß dazwischen. Da hörte ich zum ersten Mal im Leben eine menschliche (damals wusste ich noch nicht, dass es ein "Mensch" war) Stimme. Ich verstand die Worte nicht, der Ton war aber nicht unangenehm ... Da hörte ich den ein oder anderen meiner Geschwister noch lauter fiepen. Was war los? Was geschah da? Ich konnte ja nichts sehen, umso mehr versuchte ich was zu erschnüffeln (später berichteten einige Geschwister, wie sie plötzlich flogen - sie meinten damit aber "hochgehoben wurden") und gewendet wurden. Dann hörte ich seine sich entfernenden Schritte - ein ganz anderes Geräusch und ein anderer Rhythmus als wir mit unseren Pfoten. «Das hast du gut gemacht, Mädchen. Für deine Kinder werden wir viel Geld bekommen», hörte ich (wenngleich ich den Sinn der Worte damals noch nicht verstand). Und dann wieder dieses Geräusch von eben - der Tür. Ich krabbelte zu meiner Mutter. «Was war das?», wollte ich wissen. «DAS, mein Sohn, sind Menschen», antwortete sie mir und beruhigte mich durch Ablecken. Menschen? Was war das denn? Sind das unsere Partner in dieser Welt? «Mein Kleiner, leider ist die Welt nicht immer so, wie sie eigentlich sein sollte - und für vieles sind die Menschen verantwortlich ...»

Aber die Welt war doch recht klein, also konnten die Menschen ja nicht für allzu viel verantwortlich sein. Aber da signalisierte mir meine Mutter: «Das hier ist nicht die ganze Welt. Das ist die Wurfbox. Danach kommt ein Raum - das ist unsere Welt. Und da draußen, hinter der Tür, da ist die Welt der Menschen.»
DAS war also nicht die ganze Welt? Da gab es noch mehr? Noch mehr Gerüche? Geräusche? *amohrkratzt* Hab ich es doch gewusst - oder besser gesagt: gespürt (was bei uns Hunden oft dasselbe ist). Das konnte doch nicht alles sein! Wie mochte die Welt der Menschen da draußen wohl aussehen? Rochen alle Menschen so seltsam? Waren alle so "gefühllos"? (Denn genau das habe ich bei dem Menschen eben gerochen.) Immer mehr Fragen schossen mir durch den Kopf und so wurde ich immer müder. *gääääähn*
Aber eines wusste ich ganz genau: Ich musste hier raus! Raus aus diesem stinkenden Loch, wo alle meine Geschwister schon hingepisst und gekackt haben. Raus, um endlich meinen fehlenden Teil zu finden! Denn ich spürte, dass da draußen etwas - nein, JEMAND - zu mir gehörte und

ich zu ihm. Raus, Freiheit, Liebe und die Welt - das waren meine letzten Gedanken, bevor ich von der Spannung erschöpft einschlief.

Farben! Das war ja alles bunt! Okay, Rot und Grün sahen recht ähnlich aus, aber endlich konnte ich sehen! Nach so viele Tagen in der Dunkelheit – nur auf meine Nase und mein Gehör angewiesen. Blinzelnd sah ich mich um. Na ja, wirklich heller war es nun nicht – in dem Keller brannte kein Licht. Aber ich konnte endlich einmal meine Geschwister sehen! Und meine Mutter!

Sogleich rannte ich fiepend und freudig-aufgeregt wedelnd auf sie zu – das war alles so wuffig spannend (nur konnte ich damals noch nicht wuffen, es kam nur ein Fiepen raus). Beruhigend leckte sie mein Fell und knibbelte mich. So sah also die Welt aus? Dunkel, grau, dreckig, überall lag schon der Kot meiner Geschwister und meine Mutter. «Nein, mein Sohn, so sieht nur dieser Kellerraum aus. Die Welt ist viel heller und bunter.» *Noch mehr Farben*, schoss es mir erwartungsvoll durch den Kopf.

Als ich das von meiner Mutter erfuhr, da war er wieder: der Drang diese Welt zu erkunden und dieses andere seltsame Gefühl, das mir sagte, dass ich zu jemanden gehöre. *amohrkratzt*

Doch da riss mich etwas jäh aus meinen Gedanken. Geräusche, Gerüche, der Mensch kam wieder! *brummfiep*

Endlich würde ich dieses seltsame Wesen auch sehen! Meine Geschwister hatten ihn auch schon bemerkt, aufgeregt liefen einige zur Wand unserer Wurfbox. Sie freuten sich tatsächlich auf ihn! War es doch die einzige Abwechslung am Tag, obwohl er nicht gerade freundlich oder rücksichtsvoll mit uns umging. *brumm* Meistens schob er uns einfach mit den Füßen beiseite. Oder er hob uns und wendete uns, so dass manchem meiner Geschwister sogar schlecht wurde. Einmal hatte eine Schwester ihn angekotzt, woraufhin er sie sogleich fallen ließ und ganz laut geschimpft hat. Verstand ich gar nicht, seine Wut, schließlich war doch eh alles dreckig. Außerdem war er doch selber schuld, dass meiner Schwester schlecht wurde ...

Aber wie gesagt, meine Geschwister freuten sich dennoch über seinen Besuch. Ich mich ja auch irgendwie ... aber ich gehörte zu den skeptischeren meines Wurfes.

Die Tür öffnete sich und da stand er: *Auf nur 2 Beinen? Wieso fällt der nicht um? Kein Fell? Wird dem denn nicht kalt? Und was sollen die Vorderpfoten da sinnlos an der Seite baumelnd? Seltsame Wesen diese ... diese ... diese ...*amohrkratzt* Felllosen Primaten!* *wedel*

Und dieser felllose Primat drückte meine mutigsten Geschwister, die sich als nächstes an ihn herangetraut hatten, wieder mit seinen Füßen unsanft beiseite. Er roch diesmal anders als sonst, anderer Geruch mischte sich unter den Schweiß und dem Alkohol. Es roch irgendwie lecker (der neue Geruch, nicht der Schweiß und der Alkohol!).

«Na da schau her, die meisten haben ja schon die Augen auf», hörte ich seine Stimme. «Dann fangen wir gleich mal mit dem Training an, denn Welpen haben viel zu lernen ...» Irgendwas in seiner Stimme schenkte ich wenig Glauben, besonders vertrauenerweckend roch er ja eh nicht.

«Ich hab' auch Futter für euch. Aber erst die Arbeit, dann das Vergnügen.» Wie begrenzt dieses Vergnügen war, sollte ich erst später erfahren. Zuerst lernte ich eine der ersten „harten Lektionen" kennen.

Der Mensch füllte das lecker riechende Futter aus seiner Tasche – später erfuhr ich, dass sowas Tüte heißt – in einen Napf. Er öffnete unsere Wurfbox, zum ersten Mal kamen wir da heraus. Und dann fing er an ... Ging auf uns Welpen zu, bedrohlich, wild mit der Tüte raschelnd. Die Mutigsten von uns stürmten vor und bellten ihn mit ihren damals noch hellen Stimmchen an. Unsere Mutter versuchte uns zu verteidigen, uns zu beschützen, doch sie kam nicht heran, denn sie war angeleint! *brummm*

Ich gehörte nicht zur 1. Reihe der Angreifer, eher zur zweiten. Ich blieb also in etwa auf der Höhe meiner Mutter. Die weniger Mutigen von uns versteckten sich hinter ihr, die besonders Wagemutigen sogar ein oder zwei Hüpfer voraus. Irgendwann war diese bedrohliche Situation vorbei. Der Mensch griff zum Napf, stellte ihn hin und betrachtete zufrieden, wie die mutigsten von uns als erstes zum Napf stürmten. Es reichte gar nicht für uns alle und na ja, das beste Futter war es wohl auch nicht gerade, aber wir hatten Hunger und daher begannen auch einige meiner Geschwister andere von uns vom Napf wegzujagen. Bei mir haben das auch einige versucht, ein paar sogar mit Erfolg ... *schüttel*

Der Mensch beobachtete uns dabei, zumindest beim ersten Mal. Ich roch seine Zufriedenheit. «Toll, gerade ihr mutigen Racker werdet einen satten Preis erzielen. Und euch andere werden wir auch schon gewinnbringend loswerden.» Dann verschwand er, während wir uns um die letzten Brocken stritten.

Unsere Mutter versuchte zu schlichten. Aber sie kam nicht an uns heran. Denn der Mensch hatte gedankenlos den Napf außerhalb ihrer Reichweite hingestellt. Als alle Brocken vergeben waren und ich ihr Winseln hörte, tapste ich zu ihr. Ich wollte wissen, was er mit uns gemacht hatte und warum?

Mutter signalisierte mir: «Er hat euch getestet, er wollte wissen wer die Mutigsten und Aggressivsten unter euch sind. Er wollte euch mit der raschelnden Tüte nervös, im besten Fall sogar aggressiv machen.» *Aber warum*, wollte ich wissen. «Genau weiß ich das auch nicht, mein Sohn, aber die Mutigsten und Aggressivsten verschwinden immer als erstes – und oft höre ich dabei das Wort „Hundekampf".» *Sie lassen uns kämpfen? Etwa gegeneinander?* «Ja, mein Sohn, sowas tun Menschen ...», signalisierte sie mir mit Trauer und auch schmerzlichen Erinnerungen. Erst jetzt bemerkte ich die Narben auf ihrem Körper (meine Augen waren ja erst seit ein paar Stunden geöffnet).

Der Mensch kam noch so manches Mal. Jedes Mal brachte er Futter, jedes Mal machte er uns vorher wild – ziemlich oft mit einer Tüte, aber auch mit anderen Gegenständen und Methoden. Und immer war das Futter zu knapp für uns alle (wenigstens vergaß er nicht jedes Mal unsere Mutter). Dennoch freuten sich viele meiner Geschwister über seinen Besuch. Es war ja die einzige Abwechslung in unserem Kellerleben und immerhin gab es Futter, wenn auch wenig ... zu wenig, satt wurden wir nie. Streiterei untereinander gab es immer um die letzten Brocken und dennoch freuten wir uns über seinen Besuch. Wir Hunde sind so, wir freuen uns selbst dann bei euch Menschen, wenn ihr uns nicht wohlgesonnen seid!

Zum Glück sollte ich bald erfahren, dass es auch andere Menschen gibt. Doch zuvor, da fing es an. Es muss so ab der 6. oder 7. Woche gewesen sein: Die ersten von uns verschwanden. Manchmal, wenn der Mann kam, da nahm er den einen oder anderen, manchmal auch zwei oder gar drei von uns nach dem Essen mit. Meistens sahen wir unsere Geschwister nicht wieder.

Wohin sind sie, wollte ich von unserer Mutter wissen. «Das weiß ich nicht, mein Sohn. Weg. Bei den Menschen wahrscheinlich.» *Also raus? In die Welt? Und was dann? Lebten alle Hunde dann in so dunklen und dreckigen Kellern wie wir? Würde ich wenigstens einen Blick und vor allem eine Nase in die Welt werfen können, bevor ich wieder in einen Keller komme? Und wo und was war dieser Teil, der mir noch fehlte, der da draußen auf mich wartete ...*
gähn
Mit diesen Gedanken schlief ich nach den aufregenden Erlebnissen des ersten Tages mit geöffneten Augen ein.
Mittlerweile war ich schon über 10 Wochen auf der Welt ... *schnauf*
Tolle Welt, ein dunkler Keller, stinkend, mittlerweile voll von unserer Kacke und Pisse. Meine anfängliche Neugierde auf die Welt hatte mittlerweile daher bereits den einen oder anderen Dämpfer erlebt.
Freilich wusste ich damals nicht, dass es fast elf Wochen waren, woher auch? Denn zum einen bekam ich ja in dem Keller nichts vom Tageswechsel mit und außerdem haben wir Hunde nicht so ein

Zeitgefühl wie ihr 2-Beiner. Aber das war schon einer dieser Dämpfer: Diese begrenzte Welt, die immer mehr stank. *brummm* Wenn das die Welt sein sollte, nun ja, so war meine Neugierde darauf mehr als gedeckt. Ich hatte im wahrsten Sinne die Nase voll! *schnauf*

Doch neben diesem Dauer-Dämpfer gab es noch einen anderen: den Menschen. Der kam so ein- oder zweimal am Tag. Jedes Mal machte er mit uns so komische Sachen, versuchte uns wild zu machen. *schüttel*

Und bei denen es nicht gelang, da wurde er böse, so auch manches Mal bei mir, denn ich beobachtete viel und wurde nicht direkt sauer, wie ein paar meiner Geschwister. Irgendwie fiel es mir auch schwer, den Kerl wirklich ernst zu nehmen. Zu unkoordiniert wirkten seine Bewegungen, zu stark roch seine Unsicherheit. Aber gerade weil ich nicht so schnell aggressiv wurde, bekam ich es von ihm zu spüren. Den ein oder anderen Schlag oder Tritt musste ich einstecken. *brummm*

Na ja, immerhin war er eine Abwechslung zum sonst recht eintönigen Leben im Keller.

Außerdem brachte er uns ja Futter mit. Auch wenn es nicht reichte und wohl auch nicht das beste Futter war. Wir hatten alle schon Mangelerscheinungen. Plattfüße, stumpfes und löchriges Fell. Immer wieder verschwanden Geschwister von mir mit dem Kerl. Ich hoffte, dass sie es besser haben würden. Aber die besorgten Körpersignale meiner Mutter ließen mich nichts Gutes ahnen. «Die Wildesten und Aggressivsten sind meist die Ersten. Doch ihnen geht es nicht besser: Sie müssen kämpfen», signalisierte mir Mutter. *Und was ist mit denen, die als letztes übrigbleiben,* wollte ich wissen. Meine Mutter senkte traurig den Blick und ich spürte ihre Trauer nicht nur, ich konnte sie auch riechen, denn die übrigblieben, die wurden "entsorgt". Da hörte ich Geräusche! Kam der nach Alkohol riechende Mann wieder? Würde er wieder versuchen uns sauer zu machen? Und vor allem: Würde er wenigstens ein bisschen Futter mitbringen? Freudig wedelnd liefen schon einige Geschwister zur Tür. Ihr denkt sicher, was für blöde Hunde? Aber so sind wir, wir freuen uns auf euch Menschen, auch wenn ihr uns nichts Gutes tut. Vor zehntausenden Jahren schlossen wir Freundschaft, einen Pakt, ja mehr noch: Wir gingen den Weg der Koevolution! Und wir Hunde halten uns daran, denn Ihr seid unsere Partner!

Und irgendwie freute ich mich auch ein wenig, wegen der Abwechslung und dem Futter. Obwohl ich sicher wieder wegen meiner skeptischen Art den einen oder anderen Hieb bekommen werde, aber immerhin auch Aufmerksamkeit. Und da kam mir die Trauer meiner Mutter in den Sinn: *Würden wir jetzt etwa "entsorgt" werden?*

Plötzlich öffnete sich die Tür, meine Aufregung wuchs, die Gerüche waren anders, die Proportionen auch, die Bewegungen erst recht. Das waren andere Menschen! *schwanzwedelheftig*

Und sie schimpften! Aber nicht mit uns, sondern mit dem nach Alkohol riechenden Mann, der uns immer besucht hatte. Vor allem ein Mann sprach viel und mit sehr ernstem, ja strengem Tonfall mit ihm (es war der Amtsveterinär, der die Beschlagnahmung durchgeführt hatte).

Mit uns redeten sie (den Amtsveterinär begleiteten ein paar Tierschützer) dagegen ganz behutsam und leise. Unsere anfängliche Unsicherheit wich, zumal auch Mutter mit ihrem warnenden Gebell aufhörte. Denn eine Frau kümmerte sich um sie. Es war die erste Menschenfrau in meinem Leben, die ich roch. Unser Zutrauen zu diesen Menschen wuchs, und so näherten wir uns ihnen. Doch das sollte ich schnell bereuen. Denn sie packten uns in kleine Kisten. Na prima, ist das jetzt meine Welt? Die ist ja noch kleiner als der Keller! *brummschnauf*

Sie trugen die Kisten mit uns dann heraus. Und nachdem sie eine Treppe raufgegangen waren, erlebte ich zum ersten Mal in meinem Leben die "Menschenwelt". Was für ein Abenteuer, so viele Farben, so viele Geräusche und was viel wichtiger war: So viele mannigfaltige Gerüche. Ich vergaß sogar die Enge der Box, so gebannt war ich ...

Sie steckten uns in ein Auto, wobei, ich wusste damals nicht einmal, dass das ein Auto war. Ich wusste ja nicht mal, was ein Auto überhaupt war (okay, ich weiß es auch heute nicht so genau, aber ich weiß, dass es ein Fortbewegungsmittel ist und selbst das wusste ich damals nicht). Die Fahrt war völlig ungewohnt, nicht nur das Geruckel, auch die vielen Geräusche: vom Motor, von der Straße, von den Leuten im Wagen. Dann hielten wir an. Das hatten wir während der Fahrt öfter, daher rechnete ich damit, dass es gleich wieder losgehen würde und krallte mich am Boden der Box fest. Na ja, ich versuchte es, denn der war viel zu glatt.

Aber wir fuhren nicht weiter. Die Heckklappe des Wagens öffnete sich. Was kam jetzt? Werden wir kämpfen müssen? Oder werden wir "entsorgt", weil wir die letzten des Wurfs waren, die keiner haben wollte? Meine Kiste wurde mit zwei weiteren herausgenommen und an andere Menschen übergeben. Rüde (Menschensprache: Mann), war das ein Wechsel. Heute würde ich sagen: wie im Taubenschlag, aber damals kannte ich ja keine Tauben. Ich kannte eigentlich noch nichts, nur den Keller und seine stinkenden Gerüche. Daher fand ich alles recht unheimlich. Aber irgendwie war ich auch neugierig ... *ohrennachvorn*.

So landete ich im Tierheim. Viele denken da schon: der Arme. Aber nein, das war ganz toll da! Denn im Vergleich zum Keller zuvor war es da ganz wuffig. Wir waren viel an der frischen Luft und es haben sich ganz zauberhafte Menschen um uns gekümmert. Und endlich gab es genug zu fressen ... *schleck*
Ja, wenn das die Welt war, damit konnte ich leben. Okay, hinter Gittern ist nicht toll und all die bellenden Hunde können echt nerven, aber das war um Lichtjahre besser als der blöde Keller.
Und dann geschah es! Nur ein paar Tage nach meiner Ankunft. Da kam so ein seltsamer 2-Beiner ins Tierheim und stand vor dem Zwinger, in dem ich und meine zwei Brüder untergebracht waren. Warum seltsamer

Kerl? Nun, das hatte hauptsächlich zwei Gründe: 1. Er war so ganz anders, als die Männer, die ich bisher kennen gelernt hatte (okay, es waren ja nicht viele, aber der einzige Erfahrungsschatz, den ich hatte). Er roch kein Stück nach Alkohol (ich erfuhr später, dass er selten trinkt, weil er nicht viel davon verträgt), keine Haare und dann diese seltsam großen Augen ohne Pupille (ich wusste damals noch nicht, was eine Sonnenbrille war). Irgendwie irritierte mich das zwar, aber sein Blick wirkte dadurch auch weniger starrend und bedrohlich. 2. Ich spürte sofort: DER PASST! Das war er! Der fehlende Teil! Auf den habe ich gewartet! Er würde mich ergänzen und ich ihn! PARTNER!

Leider war der Typ, der später mein Oller werden sollte, nicht so schlau. Damals noch weniger als heute. Er merkte es nicht, also, nicht so schnell. Er denkt einfach zu viel nach. Ich merkte, wie er außerhalb des Zwingers eher einen anderen Bruder von mir beobachtete. Dann kam er rein. Sogleich stürmten meine beiden Brüder auf ihn zu. Ich kam auch näher, blieb aber in einem gewissen Abstand stehen und beobachtete. Ihr glaubt aus Vorsicht? Hm, kann sein, daran erinnere ich mich nicht mehr, nur an meine Neugierde und dass ich nicht "unhöflich" sein wollte, indem ich ihn bedränge. Ich wusste doch gar nicht, ob er das mag. Ich musste ihn doch erst verstehen und dieser Wunsch wurde immer stärker.

Dann drehte er sich plötzlich zu mir um. Heute weiß ich, dass er sich beobachtet gefühlt hatte, so als ob irgendwelche Blicke in seinem Nacken wären. MEINE Blicke! Ha, war er also doch nicht so dumpf, hatte er es also auch gespürt. Und dann beschäftigte er sich mit mir. Oh, diese Freude oder dieses Glück. *schwanzwedelfreu*

Endlich war mein Partner da, endlich war ich vollständig. Alles war vergessen, der stinkende Keller, meine Brüder, ja, selbst meine Mutter, die ich seitdem nicht mehr gesehen habe. *Zeig mir die Welt! Lass sie uns gemeinsam erkunden! Wo du hingehst, da will auch ich hin!*

Aber was war das? Er ging. *schnaufschüttelbrumm* Wieso? Was hatte ich falsch gemacht? Hat er es doch nicht gespürt? War ich zu zaghaft? Zu subtil? Immerhin waren meine Brüder da etwas aufdringlicher und unbeherrschter. Ich ahnte damals ja nicht, in welcher schwierigen Lebenssituation er sich befand, in einer richtigen Umbruchphase. Ich spürte da nur eine gewisse Unruhe in ihm. Aber nun war mein Partner weg, noch lange schaute ich ihm am Gitter nach, während meine Brüder schon mit was Anderem beschäftigten.

Hatte ich meinen Partner verloren? Hatte ich etwas falsch gemacht? Plötzlich war ich wieder unvollständig, denn wisst, Ihr lieben Menschen, wir Hunde haben mit Euch eine Koevolution, daher sind wir auf eine gewisse Art mit euch verbunden. Wir brauchen euch, denn erst dann macht unser Leben einen vollen Sinn und den hatte ich gerade verloren... *traurigschau*
Ich konnte ja nicht wissen, dass mein 2-Beiner damals schon mit den Leuten vom Tierheim gesprochen und sie gebeten hatte mich bis zum kommenden Tag zu "reservieren". Woher sollte ich das auch gewusst haben? Ich war ja nicht dabei. Und er ist halt auch keiner, der verantwortungslos einfach einen Hund aus dem Tierheim mitnimmt, ohne darüber mal nachzudenken (zumal er sich damals noch um zwei andere Hunde kümmern musste und wie gesagt, so einiges in seinem Leben zu dem Zeitpunkt los war, aber das wird er Euch später selber erzählen).

Doch dann, am kommenden Tag, ganz früh am Morgen, da kam der komische Typ mit den großen Augen und ohne Haare wieder. Dieses Mal wollte ich nichts riskieren! Dieses Mal würde ich nicht so subtil sein, nicht so zaghaft. Scheiß auf Höflichkeit! Der Kerl braucht offenbar deutliche Signale! Und so stürmte ich sogleich auf ihn zu. Erst da interessierten sich auch meine Brüder für ihn und liefen auf uns zu. Aber dieses Mal nicht! Das war MEIN Partner! Und so schnappte ich nach meinen Brüdern, als sie links und rechts von mir erschienen.

Und dann hörte ich seine Worte: «Ich glaub, die Entscheidung hat der Kleine hier schon getroffen.» Er nahm mich an die Leine und zum ersten Mal gingen wir gemeinsam Gassi. Noch bevor wir das Tierheim durch die Tür für das Test-Gassi verließen, sagte er: «Ich geh mal eine Runde mit ihm, aber ihr könnt schon mal die Papiere fertig machen.» Und zum ersten Mal, entdeckte ich die WELT mit MEINEM PARTNER! Oh, dieses Glücksgefühl, endlich begann mein Leben - unser gemeinsames Leben. Daher nennen wir diesen Tag, den 9. September (übrigens auch in anderer Hinsicht ein Jubiläum, denn nach einem Jahr bei meinem Partner startet an dem Tag auch unser Blog!), auch "unseren gemeinsamen Geburtstag", denn auch ich änderte viel im Leben meines 2-Beiners. Mehr als wohl jeder Hund zuvor. Aber das soll er euch besser selbst berichten. Denn hier endet meine Geschichte bevor ich Maximilian traf.

Dafür begann an jenem 9. September eine neue, weitaus tollere und größere Geschichte - das Leben als Team! Ich kannte nichts, er zeigte mir die Welt, hat sie mit mir gemeinsam entdeckt - jetzt fürchte ich nichts mehr.

PS: Diese Geschichte beruht zum Teil auf recherchierten Fakten, auf Gesprächen mit den Tierheim-Mitarbeitern, auf der Beobachtung von meinem Verhalten und auf Geschichten von anderen Vermehrern und dabei typsicher Parallelen. Sicher, ein Teil ist auch dichterische Freiheit. An dieser Stelle möchte ich mich ganz besonders bei den Mitarbeitern des Tierheims Hilden bedanken, denn ohne euch hätten Maximilian und ich uns nie gefunden! (Sie hatten meinen Partner sogar extra wegen mir kontaktiert.)

Da stand er nun vor mir, klein, mit stumpfen und lichtem Fell, Plattfüße, aufgeblähter Bauch ...ein kleines Häufchen Elend. Ich spürte, dass wir zusammengehören. Aber ich zweifelte wegen der Aufgabe, der Zeitpunkt war denkbar ungünstig. Es war der 9. September, als Rico bei mit einzog – und alles änderte.

Ich war gerade aus Frankfurt (wo ich als Redakteur für Capital, Financial Times Deutschland, Börse Online und Impulse gearbeitet hatte – gleichzeitig, so ist das in einer Zentralredaktion) nach Düsseldorf gezogen. Hatte versucht mit einem Monat Urlaub mein Burnout zu kurieren (ja, ich weiß, wir Kerle spinnen, sagten mir die Ärzte damals auch). Ein neuer Job stand an – als Leiter einer Presseabteilung. Außerdem hatte meine damalige Lebensabschnittsgefährtin selber zwei Hunde, um die ich mich mitkümmerte. Der Zeitpunkt sich einen Hund anzuschaffen war also denkbar ungünstig, Versteht mich nicht falsch, ich bin mit Hunden aufgewachsen (mein Vater und meine Mutter hatten auch schon als Kinder Hunde). Und ich habe mir immer wieder einen Hund gewünscht. Aber dann kam doch alles anders. Rückblickend sage ich immer „ich habe mich verführen lassen". Wobei ich niemanden dafür die Schuld gebe, aber als junger Kerl rutschte ich in den Job des Wirtschaftsjournalisten hinein und hatte schnell kleine und große Erfolge, machte so was wie Karriere sowohl in Festanstellung als auch als Freiberufler. Und so schob ich die Anschaffung eines Hundes immer vor mir her.

Allerdings hatte ich oft Freundinnen mit Hund(en). Einige böse Zungen würden behaupten, ich wäre nur wegen der Hunde mit ihnen zusammen gewesen. Nun, dazu kein Kommentar. ☺ Allerdings gebe ich zu, dass ich mit der ein oder anderen Dame länger zusammengeblieben bin, als ich es wohl ohne ihre Hunde getan hätte. :-) Aber ich mache mir da nichts vor: In Sachen Hundehaltung war ich in der Zeit in gewisser Hinsicht ein Feigling. Genauer gesagt: ein Verantwortungsfeigling (zumindest was Verantwortung für andere anging). Denn ich nahm alle

Vorteile mit, ohne die meisten Alltagsnachteile – schon sehr bequem, aber irgendwie aus meiner Sicht auch eben feige.

Und dann trat Rico in mein Leben – und änderte alles. Schon vom ersten Augenblick. Denn wisst ihr, ich gehöre nicht zu den Menschen, wo sich Verstand und Gefühl oft widersprechen. Freunde, die mich lange kennen, meinen, dass das auch einen großen Teil meines Selbstbewusstseins ausmachen würde. Nun, das mag sein. Aber als Rico das erste Mal meine Aufmerksamkeit gewann, da war das anders.

Sogleich spürte ich die innige Verbindung, die wir haben würden, sofort spürte ich seinen Wunsch mich kennen und vor allem verstehen zu lernen. Ich war fasziniert von seiner starken Impulskontrolle und langen Konzentrationsdauer für einen Welpen von knapp 12 Wochen. Und ja, mein Gefühl sagte mir sogleich: Wir sind Partner!

Aber mein Verstand, der widersprach mir zwar nicht, aber meldete Zweifel an: Bist du sicher? Du hattest eine schwierige Zeit und eine nicht weniger leichte steht dir noch bevor (und dabei wusste ich damals noch nicht, dass ich quasi über ein Jahr nur Krisenkommunikation machte). Und denk nicht nur an dich, auch an den Hund: Kannst du ihm in der jetzigen Situation überhaupt gerecht werden?

Das war für mich sehr verwirrend. Eben gerade weil ich es nicht gewohnt war, dass Kopf und Bauch sich bei mir so widersprechen. Erst am folgenden Tag tat ich etwas, was ich wohl seit meiner frühesten Kindheit nicht mehr getan habe: Ich schickte meinen Verstand zum Teufel und ließ ihn schweigen. So nahm ich Rico auf und mein Verstand hatte nicht Unrecht, das erste Jahr war echt anstrengend. Das alles zu managen, Ricos Erziehung, der Job, seine Sozialisation; er musste ja einiges nachholen, da durch, dass er im Keller aufgewachsen war. Nicht selten hatte ich in der Zeit nur vier oder fünf Stunden Schlaf, manchmal noch weniger (denn als Krisenkommunikator hat man nicht selten bis nach Mitternacht zu tun und muss dennoch um neun Uhr frisch im Büro erscheinen - und vorher war immer Rico dran). Aber ich habe es nie bereut! Ganz im Gegenteil!

Denn auch in anderer, längerfristiger Hinsicht änderte Rico alles bei mir. Eigentlich fing es schon beim ersten Tag ein. Denn wisst ihr, ich war in der hundelosen Zeit ... nun ja, ein echter Egoist geworden, ich musste nur für mich Verantwortung tragen und achtete sehr auf meine Freiheit, recht rücksichtslos. Auch das hoch interessante Thema Börse hatte seines wohl dazu getan, aber klar um Karriere zu machen war das hilfreich, aber als Kind war ich anders.

Und dann war Rico da. Und plötzlich trug ich Verantwortung für jemand anderen. Ja mehr noch, meine eigenen Bedürfnisse und Wünsche mussten oft genug zurückstehen ... für Rico. Das hat mich nie geärgert. Rückblickend weiß ich gar nicht, wann der Zeitpunkt gekommen war, dass ich mich darüber gewundert habe. Es muss wohl in meinem Sabbatical gewesen sein, wo ich teilweise selber wie ein Hund gelebt habe (bevor ihr Scherze macht, das war metaphorisch und auf den Tagesablauf gemünzt – denn ich hatte das „Abschalten" verlernt), da hatte ich die Zeit für solche Erkenntnisse.

Die Verantwortung für jemand anderen, die eigenen Wünsche zurückstellen, all das hätte ich früher als Beschneidung meiner Freiheit angesehen. Jetzt nicht mehr. Denn jede Sekunde mit Rico empfand ich als Bereicherung. Heute weiß ich auch warum. Denn nicht ich war sein Lehrer, sondern er auch meiner! Nicht nur was das Abschalten und zur Ruhe kommen angeht. Er lehrte mich viel mehr!

Vor allem lehrte er mich vieles, was ich während der hundelosen Zeit vergessen, ja vergraben hatte. All das, was ich als Kind eigentlich gewohnt war, aber irgendwie auf dem Karriereweg verdrängt hatte. Versteht mich nicht falsch, ich bereue das nicht, Journalist war schon seit meiner Kindheit mein Traumberuf und es war eine tolle Zeit in der ich viel gelernt und sehr interessante Menschen kennen gelernt habe. Aber was ich an Status und an Geld gewann, das verlor ich irgendwie an

Menschlichkeit. Wie gesagt, ich war ein recht egoistisches, rücksichtsloses Arschloch geworden, dem nichts wichtiger war als sein Spaß und sonstige hedonistischen Freuden. Immer schneller, höher, weiter besser. Ein Freund des Multitasking (heute schätze ich vielmehr den Fokus und erreiche damit viel bessere Ergebnisse). Und Freiheit war eines meiner Lieblingswörter. Aber ohne es zu merken, ohne es als Einschränkung zu empfinden, erinnerte mich Rico wieder an mein Ich, an mein wahres Selbst – so wie ich als Kind war, als ich Hunde hatte. Eine sehr gute Freundin brachte es mal auf den Punkt mit den Worten: „Er hat das Kind in dir wiedererweckt." Besser kann man es nicht formulieren. Es war vielleicht zu dem Zeitpunkt nicht die vernünftigste Entscheidung, aber auf jeden Fall eine der besten meines Lebens! Ich verdanke dir so viel, mein kleiner Doggen-Wookiee! Und so feiere ich diesen Tag, dem Tag deines Einzuges, als unseren "gemeinsamen Geburtstag". An dem für uns beide ein neues Leben begann!

*Danke! Das hast du schön lang beschrieben. Ich sag dazu nur: Ich hab dich auch lieb, Partner! *letztewortanlehn**

Aktiv sein, das Leben genießen und immer in Bewegung. Mal auf eigenen Füßen, mal getragen oder ein Beförderungsmittel benutzen. Passive Hunde gibt es selten, es sei denn, sie kommen in die Jahre, werden älter und wollen sich nicht mehr so viel bewegen. Grundsätzlich wollen sie spielen, toben, arbeiten und/oder beschäftigt werden. „Action" ist das Zauberwort und im folgenden Beispiel wird dies einmal mehr unter Beweis gestellt.

Alles was rollt und fliegt.

(Bild & Text: Horst Knoblich)

Herr Louis hat bekanntermaßen vier Beine. Gesund, kräftig und sie sind so konstruiert, dass sie exakt bis auf die Erde reichen. Soweit die Fakten. Herr Louis liebt alles was rollt. Herr Louis liebt es ganz besonders, wenn es rollt und er dieses rollende Ding in welcher Weise auch immer besteigen kann.

Da gibt es doch diverse Dinge des täglichen (Einkaufs-) Lebens, die bequemerweise auf Rollen stehen und Rollen machen eben dieses: sie rollen. Und das macht Spaß und man (damit sind gewisse Hunde gemeint) kommt ermüdungsfrei von A nach B und noch weiter. Wozu also die Beine und Füße ruinieren, wenn es doch auch so geht. Siehe hierzu das beiliegende Beweisfoto.

Und sehr schnell hat Herr Louis herausgefunden, dass es ja nicht nur seinen Fahrradanhänger ('der rollende Rois') und großzügig geschnittene Einkaufswagen im Baumarkt gibt, sondern auch Rollbretter in Herrchens und Frauchens Haus. Oben Hund, unten Brett. Dass das Brett eigentlich zum Transport der großen Blumenkübel gedacht ist, pfff, na und?!

Im Baumarkt sehen uns die Leute immer verwundert und amüsiert hinterher, der Fahrradanhänger wird bestaunt und das Rollbrett mit Hund und ohne Pflanze von der Nachbarschaft belächelt.

Solcherlei Schauspiele waren häufiger zu bewundern, waren wir doch gemeinsam in diversen Baumärkten und es gab auch viel Pflanzenmaterial zu transportieren. Auch der *rollende Rois* kam nicht zu kurz. Kurz um - Louis freut's, uns auch.

Es gibt jedoch noch einiges anderes was rollt. Da wäre das Auto an vorderster Front zu nennen. Das ist auch immer ganz witzig. Ganz speziell dann, wenn es draußen warm ist und darum die Fenster geöffnet sind. Die Fussellocken wehen, Louis hat seinen Spaß am Fahrtwind (versucht ihn gerne mal zu beißen), nimmt Witterung auf oder legt genüsslich den Kopf zwischen zwei Kopfstützen und schaut Frauchen oder mir beim Autofahren zu. Um aber diesen Spaß genießen zu können, muss Louis einsteigen. Ich denke da gern an Zeiten zurück, wo Leo einsteigen *sollte*. Manchmal ein Schauspiel ohne Gleichen. Nicht so bei Louis. Louis hat sehr schnell festgestellt, dass es ganz praktisch ist, wenn er springt. Rein, raus, rauf, runter, mal nach rechts, mal ins Wasser, mal auf das Sofa, dann wieder runter vom Stuhl, die Treppen werden im Galopp genommen, Baumstämme elegant übersprungen. Und all das ganz allein, ohne Aufforderung, einfach im Vorbeigehen. Geht es aber darum den Kofferraum zu besteigen, besinnt sich Klein Louis darauf, was die Trainerin in der Hundeschule gesagt hat: «Mit Leckerchen geht alles viel leichter.»

Was soll ich sagen?

Unser Hund arbeitet nicht auf Kredit, nur gegen Barzahlung.

Kein Leckerchen, keine Besteigung des Kofferraumes. Keine Besteigung heißt, ich muss den faulen Kerl - ob sauber oder nicht, ob nass oder trocken - rein heben. Anfänglich stellte das kein Problem dar, der Vierbeiner brachte zarte 12, 13 Kilo auf die Waage. Später, kurz vor dem

Erreichen der 20er Marke, sah es schon anders aus. Bei 26 Kilo war dann endgültig Schluss.

Und dennoch: «Wenn Du mir kein Leckerchen gibst, bleibe ich hier sitzen!»

Schließlich akzeptiert Louis auch Spielzeug oder andere Sachen als Bezahlung.

Andere Sachen sind unter anderem Baumstämme beliebiger Größe und Beschaffenheit.

Diese werden dann nach feinster Bibermanie auf das penibelste geschreddert und in die einzelnen Atome zerlegt. Am liebsten immer dann, wenn der Kofferraum frisch gereinigt ist. Ich danke auch schön.

Weiterhin rollen zum Beispiel Fahrräder.

Sehr gern genommen, wenn er bei Herrchen hinten 'dran hängt'. Jedoch völlig ohne Belang und nicht beachtenswert, wenn sie ihm entgegenkommen. Leider tun mir nicht alle Radfahrer den Gefallen und sind so 'entgegen kommend', manche wollen in die gleiche Richtung wie wir. Und an dieser Stelle tritt der Hütehund (oder doch der Jäger?) in den Vordergrund und waltet seines Amtes. *Hinter dem Rad her* ist die Devise.

Das findet bedauerlicherweise nicht jeder amüsant. (Ich auch nicht.)

Alles was fliegt ist für unsern Vierbeiner von Interesse. Von ungeheuer großem Interesse. Das wird mit großen Augen und noch größeren Ohren verfolgt.

Sobald das 'Fliegzeug' in annähernde Reichweite kommt, wird danach geschnappt.

Kommt das Flugobjekt nicht freiwillig in Reichweite des weit geöffneten Maules, hilft nur noch Plan B.

Plan B sieht das erbarmungs- und schonungslose Verfolgen vor. Da ist es auch ohne Belang, dass da eine Vase mit Blumen auf dem Tisch steht (Krach, Peng, Schepper!

«LOUIS, VERDAMMT NOCH MAL, DAS MUSS NICHT SEIN!»)

Da spielt es keine Rolle, ob jemand zwischen ihn und den Flieger geraten ist.

«LOUIS, VERDAMMT, PASS AUF UND RENN MICH NICHT ÜBER DEN HAUFEN!»

Bei der Verfolgung geht es über Sofas, Tische und Bänke, quer durch die frisch angelegten Blumenbeete, völlig enthemmt durch den Garten. Hat Mann/Frau zum Zeitpunkt der Entdeckung eines Flügeltieres dummerweise die Leine in der Hand und diese ist unglücklicherweise an Louis' Halsband befestigt ... Pech gehabt.

Wird Louis dann endlich dem geflügelten Wesen habhaft, wird dieses nach allen Regeln der Kunst kleingekaut und verschluckt. Hund freut sich, Herrchen kehrt die Scherben zusammen.

Es hilft übrigens nichts, dem Hund eindringlich zu Verstehen zu geben, dass dieses Verhalten weder erwünscht noch sonst wie angebracht ist.

Auch nicht, dass man vor eventuellen Gefahren und Risiken warnt.

Da hatte Mutter Natur einen witzigen Einfall. Sie schuf kleine Flieger in schwarz-gelb gestreiften Strampelanzügen.

Die fliegen auch. Und wie alles, so wird auch das verfolgt.

Habe ich erwähnt, dass Louis alle Warnhinweise erfolgreich ignoriert?

Schnapp!

Einundzwanzig.

Zweiun-

JAAAUUUL!!!!!!

Ende vom Lied: Die Wespe lebt (ist nur ziemlich vollgesabbert) und Louis hat eine dicke Lippe.

Und was für eine.

Die Moral von der Geschicht': Egal, die nächste kriege ich bestimmt.

Ich habe heimlich nachgesehen, was die Versicherungspolice zum Zerbeißen von Flugzeugen oder Helikoptern sagt.

Unser Vierbeiner erlebt 2015/16 seinen ersten richtigen Winter.

Wobei von 'Winter' bis Anfang Januar keine Rede sein kann.

Die Temperaturen erinnern eher an einen verregneten kühlen Sommer und tatsächlich beginnen die Mandelbäumchen Ende Dezember zu blühen.

Aber in der ersten Januarwoche fällt die Temperatur drastisch und es beginnt zu schneien. Pulverschnee in entsprechend feinst zerstäubten Mikroflöckchen.

Der Hund freut sich, der Mensch eher nicht.

Der Hund freut sich, weil das weiße Zeug eine willkommene Abwechslung auf seinem kümmerlichen Speiseplan darstellt.

Hund kann da reinbeißen, es vom Boden oder anderen Gegenständen lecken, gelb einfärben oder einfach die dicke Knubbelnase reinstecken.

Der Mensch ärgert sich, weil er das weiße Zeug ordnungsgemäß entsorgen, die Fahrweise anpassen, Winterstiefel anziehen, große Bogen um großzügig gepökelte Gehwege machen muss.

Aber Pulverschnee ist auch doof.

Speziell wenn der Wind einem das Zeug direkt ins Gesicht bläst. Dann kneifen Hund und Mensch gemeinsam die Augen zu schmalen Schlitzen zusammen.

Es gibt aber auch diese wunderschönen, großen, weißen, langsam sinkenden, riesigen Schneeflocken.

Genau die Sorte, von der bereits eine Flocke den Verkehr einer Großstadt wie Braunschweig zum Erliegen bringen kann. Genau die Sorte, die ein gewisser Hund mit Argusaugen verfolgt, anpeilt und im richtigen Moment zuschnappt. Jetzt ist es so, dass eine Flocke selten allein kommt. Meist tauchen sie im Familienverband auf und segeln lautlos zu Boden. Was nicht ganz so lautlos ist, ist das Schmatzen und Schnappen unseres Hundes nach den Dingern. Unsere Gassirunde mutiert zum Zickzack-Lauf mit Schnapp-Attacken.

Am nächsten Morgen liegen gut 15 Zentimeter von der weißen Pracht im Garten und auf der Straße. Hund freut sich riesig, Mensch überhaupt nicht.

Besonders schöne Geschichten, sentimental und gefühlsbetont, sind meist auch mit dem Begriff „mein Schicksalshund" verbunden. Aber was ist das eigentlich, ein Schicksalshund?

«Ein Ereignis, das das Leben eines Menschen entscheidend beeinflusst, ohne, dass man daran etwas ändern kann», sagt das beliebteste Nachschlagewerk (Wikipedia) des Internets, wenn es um das Thema Schicksal geht. So finden sich manchmal auch Mensch und Vierbeiner auf allen nur denkbaren Wegen. Dabei kommt es nicht darauf an, welchen Hund man sich wünscht oder welchen „Hund man nehmen würde", oft ist es eine Fügung oder ein Wink des Schicksals, wenn sich die beiden finden.

Schicksalshund - Wie alles begann

(Bild & Text: Jessica Rösler)

Es war Anfang November 2011. Der Regen prasselte gegen die Fensterscheibe. Die verschiedenen Grautöne des Himmels wandelten sich bereits wieder zum klassischen Schwarz der frühen Nacht.

Ich saß an meinem Schreibtisch und beobachtete, wie die Regentropfen der Schwerkraft folgend an der Scheibe abperlten. Was für eine trostlose Zeit. In mir gähnte eine Leere, eine Einsamkeit und Trauer, der ich nichts zu entgegnen wusste.

Der Winter-Blues klopfte an meine Tür und ich ließ ihn bereitwillig hinein. Mein damaliges Leben betrübte mich, denn es tat mir aus mehreren Gründen nicht mehr gut. Das war mir an diesem Novemberabend nur noch nicht bewusst.

Ich wollte davon nichts wissen. Still litt ich vor mich hin, lauschte dem bedächtigen Tröpfeln und badete mich in Illusionen. Ich klammerte mich an eine Hoffnung, deren Schimmer nur noch der Schatten meiner Angst war, endlich loszulassen. Ich wartete auf eine Veränderung, zu feige, um selbst die notwendigen Konsequenzen zu ziehen und meinem Leben eine neue Richtung zu geben. Damals wusste ich noch nicht, dass mich die Veränderung bereits witterte und noch an diesem tristen Abend fand.

Ich seufzte und scrollte mich gedankenverloren durch die virtuelle Welt, bis ich plötzlich auf einen Beitrag eines Tierheims aufmerksam wurde.

Es war eine Anzeige über einen Staffordshire Terrier (besser bekannt als "Pit Bull"), der ein Zuhause suchte. Bis heute weiß ich nicht, was es war, was mich so handeln ließ, vielleicht war es auch mein alter Kindheitstraum vom eigenen Hund, der sich in mein Bewusstsein bohrte..., auf jeden Fall regte sich etwas in mir und ich beschloss, genau diesen Hund im Tierheim zu besuchen.

Einfach nur mal so.

Von lautem Gekläffe begleitet, wurde ich am Tag des Besuchs zu dem Zwinger des Staffordshire Terrier geführt.

Es war der letzte Zwinger, hinten rechts. Dort saß er, der "Pit Bull". Still, groß und muskulös. Das Bellen der anderen Hunde ließ ihn offensichtlich unbeeindruckt.

Er war eine imposante Erscheinung und machte mächtig Eindruck auf mich. Das war also einer von den sogenannten „Kampfhunden".

Hübsch war er, mit seiner schwarz-weißen Zeichnung. Seine wachen, braunen Augen musterten mich. Sie schauten ängstlich, aber auch neugierig. Ich erfuhr, dass „Boomer" eine Beschlagnahmung war, weil sein ehemaliges Herrchen keine Erlaubnis für ihn gehabt hatte. Die braucht man als Halter für die sogenannten „Kampfhunde". „Boomer" war also ein Opfer der „Kampfhundgesetze", die zuhauf in Deutschland existieren und "Pitbulls" als von Geburt an gefährliche Hunde klassifizieren.

Das machte mich traurig. Zu diesem Zeitpunkt wusste ich zwar selbst nicht mehr über diese Hunde, als der deutsche Durchschnittsbürger (also quasi nichts, außer hängengebliebene Schlagzeilen a la "Blutrünstiger Kampfhund attackiert Kind" etc.), aber ich war schon immer tierlieb genug, um mit der Überzeugung aufzuwachsen, dass kein Tier "böse" auf die Welt kommt.

„Boomer" saß schon zwei Jahre im Tierheim. Tragisch, denn er war erst drei Jahre alt. Kein Mensch wollte diesem Hund eine Chance geben.

Oft waren die Gründe die gesetzlichen Auflagen, horrende Kampfhundesteuern, aber vielmehr waren es die Vorurteile gegenüber dieser

Rasse(n) im Allgemeinen. Die Medien haben in den vergangenen Jahren ganze Arbeit geleistet. Ich empfand das beschämend für ein Land, indem Tierschutz angeblich so großgeschrieben wurde.

Mein Herz krampfte sich vor Mitleid zusammen. Vor mir saß eine einsame Seele von Hund hinter Gittern, weil er im falschen Fell geboren war und konnte nichts dagegen tun.

Getrieben von meiner eigenen inneren Einsamkeit und der Ahnung, dass bestimmt kein Hund aggressiv geboren wird, beschloss ich, mich ein wenig um ihn zu kümmern.

Ich brauchte einen Kumpel, „Boomer" einen Menschen.

Nach diesem Tag fuhr ich regelmäßig ins Tierheim und holte „Boomer" zum Gassi gehen ab. Ich lernte ihn kennen und er berührte mein Herz. Dieser kolossale Hund war im Grunde ein Schmuser durch und durch. Er schaffte es, mein inneres Leiden zu lindern. Er füllte meine Leere wieder mit Liebe auf und das einfach mit seinem Dasein. Ich genoss es, mit ihm durch die Wälder zu streifen, über umgefallene Bäume zu klettern und durch Matsch zu stampfen. Dieser Rüde brachte mir ein Stück Kindheit zurück und damit eine Leichtigkeit, die mir abhandengekommen war.

Wenn ich mit ihm unterwegs war, vergaß ich alles um mich herum und war wieder ganz bei mir. Die Stille des Waldes umhüllte mich, machte mich ruhig. Fernab vom Getöse der Menschheit umgab mich nur das Rauschen der Blätter, das Zwitschern der Vögel, die Waldluft, die meine Lungen füllte.

Das alles fühlte sich an wie ein Kurzurlaub. Der leicht schielende Blick von Boomer und seine Freude, mal außerhalb seines Zwingerlebens zu sein, erfüllte mich mit Freude. Mein inneres Kind klatschte in die Hände vor Glück.

In mir keimte die Idee auf, „Boomer" das Zuhause zu geben, was ihm bisher verwehrt blieb. Ein Entschluss, der mich aus meinem trostlosen Leben unweigerlich herausriss.

Es war ein bürokratischer Akt der Unsinnigkeit, aber ich zog es durch, bis ich den *Wauwau* hatte. Es sollte so sein. Mit seinem Kommen ging die Veränderung meines Lebens los, denn dieses schob mir nun eine neue Rolle zu.

Jetzt sollte ich Verantwortung für ein Lebewesen übernehmen und damit auch für mich selbst.

So lernte ich also meinen Schicksalshund kennen, der mir die Veränderung in mein Leben brachte, von der ich selbst nicht recht wusste, dass ich sie für meinen Seelenfrieden brauchte.
Er war und ist meine Begegnung mit dem Schicksal.

In der heutigen, von Technik geprägten Zeit lernen sich nicht nur Menschen über Internet kennen und lieben. Auch für die Vermittlung unserer Hausgenossen werden erste Kontakte über das Internet geknüpft. War man früher gezwungen über Zeitungsanzeigen zu werben, erste Kontakte telefonisch herzustellen, so blieb letztlich der persönliche Besuch beim Züchter unausweichlich um die „Auswahl" in Augenschein zu nehmen. Ganz ohne einen persönlichen Besuch geht es aber auch heute noch nicht.

Hommage an Mio Pelliose

(Text & Bild: Petra Nier)

Seit Stunden lief ich ungeduldig am Flughafen herum. Boarding, warten, Safety Instructions, wieder warten, dann der lang ersehnte Start. Nur noch vier Stunden trennten mich nun von meinen geliebten Hunden.

Nun, "meinen Hunden" war nicht der richtige Ausdruck; es waren die Tiere eines Bekannten, einer Internet-Bekanntschaft, um genauer zu sein. Ich war tatsächlich nach fünf Monaten schreiben, mailen, und vor allem Foto-Streaming, den Schritt gegangen, der mich als eindeutig zu abenteuerlustig kennzeichnete. Eigentlich ein Bind-Date, fern der Heimat, im wunderbaren *Bella Italia*.

Ehrlich gesagt, es war der Mann, der mich interessierte, mit gleichen Hobbies und Vorlieben und guten, intensiven Gesprächen rund um den Hund.

Fasziniert war ich jedoch von seinen Hunden. Neun Tiere lebten mit ihm, drei als Therapiehunde, drei als Rettungshunde, drei mit anderen Aufgaben. Im Laufe der Monate hatten wir auch über meine Abschlussarbeit diskutiert, Ideen gewälzt und Ansätze gefunden. Denn das Biologiestudium musste mit einer Arbeit über Caniden beendet werden, das war mein Ziel.

Und es traf sich so passend, dass vier seiner Hunde einer sehr ursprünglichen Rasse angehörten: aus Wolf und Hund in den 60er Jahren des 20. Jahrhunderts gekreuzt, im Dienst der Wissenschaft und Armee. Später wurde das Experiment eingestellt, aber die Kreuzlinge wurden vier Generationen später zur Rasse, Tschechoslowakische Wolfshunde.

Die extreme Leistungsfähigkeit kombiniert mit starken Charakteren und - ja, natürlich - dem Erscheinungsbild nach wolfsähnlich.

Abrupt wurde ich aus meinen Tagträumen gerissen: Landung an der Adria. Gleich ... Nur noch aussteigen und endlich selbst begreifen, wie sie sind, freudige Spannung pur.

Ein Pick-up wartete auf mich. Hinten auf der Pritsche ein Aufbau aus Hundeboxen, überzogen von weißer Plane. Ein etwas fremdes "Hallo" und unbeholfenes kurzes Umarmen, er wusste, warum ich hier war: die Ladefläche öffnend, schaute ich in die mir so vertrauten Gesichter von vier Hundedamen. Endlich.

Nein, doch nicht am Flughafen, also erst einmal noch einsteigen und fahren. Knapp aus der Stadt hielten wir an. Jetzt durfte ich die Damen richtig begrüßen: Eine nach der anderen durfte aussteigen, liefen freudig japsend und wedelnd um uns herum.

Zuletzt kam meine erste Begegnung mit einer der *Tschechen*.

Sie wurde ruhig angeleint und sprang elegant aus der Box. Prompt hatte ich die Leine in der Hand und ließ ihr Abstand, denn obwohl ich sie ja schon "kannte" - sie kannte mich nicht.

Ich wurde erinnert, sie gut fest zu halten und ging mit ihr ein paar Schritte. Die anderen drei begannen ein fröhliches Spiel, so dass auch meine angeleinte junge Dame ein bisschen die Situation vergaß.

Wir liefen ein wenig, hüpften durch die Wiese, die drei anderen kamen immer wieder zu mir, um Kontakt aufzunehmen, nur sie nicht. Leine immer gut gespannt, auf Abstand.

Ihre Geschichte war mir bekannt, als Welpe verkauft, an die Kette gelegt zum Bewachen des Hauses, getreten, geschlagen, weil Welpen nun mal nichts bewachen.

Nach drei Monaten vom Züchter dort abgeholt und zu dem Mann gebracht; seitdem lebte sie im Rudel mit den anderen acht und zeigte ihre sorgsame Art nur den autistischen Kindern, die in einem nahegelegenen Heim lebten und regelmäßig besucht wurden.

Nachdem alle wieder eingestiegen waren; ich hatte die Tschechin immer noch nicht anfassen können, ging es weiter in die Berge.

Beim Einbiegen in eine Auffahrt hörte ich es zum ersten Mal: freudiges, forderndes Heulen, Wölfchen-Gesang.

Mir schmolz das Herz.

Und da waren sie, die drei anderen Tschechen, deren unterschiedliche Charaktere ich bereits so oft gehört und besprochen hatte.

Il Biondo an der Einfahrt, ein scheuer Rüde mit so sensiblen Zügen, dass ich mit viel Geduld am Ende der Woche seinen Kragen streicheln würde.

Bella, seine Schwester, die gleich beim ersten Begrüßen ihre herrlich zickige Persönlichkeit unter Beweis stellen wollte. Sie umkreiste mich und im toten Winkel kam dann die aufgeregte Seite durch, sie wollte mich ins Bein zwicken.

Zu ihrer Überraschung war ich schneller und danach sank das Zicken-Tier hin, ein *unterwürfiges Bauch* zeigen. Ich konnte sie stundenlang kraulen.

Zuletzt begrüßte mich der dritte Bruder; ein stattlicher Rüde mit dem Herzen eines kleinen Welpen, so groß und so zärtlich. Unsere Blicke trafen sich und rasteten ein.

Il Darkone, wir verbrachten viel Zeit zusammen, immer schmusend, immer auf seine grob-zärtliche Art eingeklinkt im Augenkontakt. Was für ein Wesen, so deutlich unbändig und doch so viel Hund.

Die Woche verging im Flug.

In meiner Erinnerung besteht diese Woche aus Stunden und Tagen, die ich einfach dort saß, irgendwo in *Bella Italia*, und dem Rudel beim Leben zusah.

Ich lernte die Strukturen, das Spiel, die Interaktionen zwischen verschiedenen Gruppenmitgliedern kennen. Und erlebte das harte Zepter, der recht kleinen, aber präzisen Mischlingshündin, die alle völlig souverän im Griff hatte.

Der alte Rüde, der noch nicht abgetreten war, aber schon den Respekt verloren hatte.

Ich lief mit fünf oder sechs Hunden durch die Olivenhaine um die Wette, durch die kleine Schlucht abseits der Straßen, genoss jede Sekunde mit diesen wundervollen Wesen.

Vergaß mein Menschenleben im fernen Deutschland und verlor mein Herz immer wieder - *Il mio Darkone* brachte es mir beim Einklinken unseres Blicks immer wieder zurück.

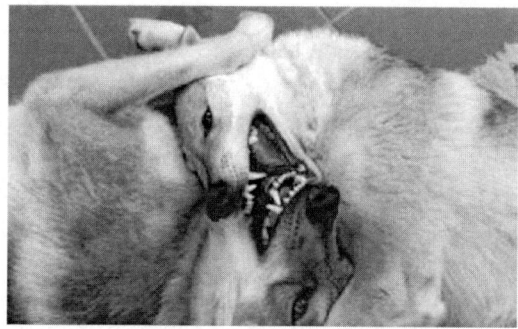

Ist dann „so ein kleiner Stinker" erst einmal im Haus, dabei spielt die Herkunft keine Rolle, so erobert er die Herzen im Sturm und bringt „Stimmung in die Bude". Nichts ist mehr so wie es war und vor allem wird es auch nie wieder so sein. Wir ärgern uns über die Streiche, die sie uns spielen, kommen an die Grenzen der Belastbarkeit bei Sport und Spiel, aber immer erfreuen wir uns an ihren Späßen und Eigenheiten. Dabei ist die Art und Weise oft grenzwertig. Ein Mensch ohne Bezug zu einem Hund würde uns nicht verstehen.

Posträder

(Text & Bild: Horst Knoblich)

Es gibt noch ein anderes, sehr wichtiges Thema, das hier unbedingt angesprochen werden muss: Der gemeine Postbote mit seinem Drahtesel (*Briefbotii vulgaris zweiradus xx gelbis*).

Wie jeder anständige Haushalt haben auch wir einen kleinen Altpapier-/Werbezettel-Container (Artikelbezeichnung: Briefkasten, einfach, hoch, Metall, silberfarben).

Dieser wird in unregelmäßigen Abständen vom *Briefbotii* befüllt. Sein Füllgut wird von ihm auf besagtem gelbem Gefährt transportiert.

Bei diesem Rad befinden sich die Stützräder nicht wie üblich hinten, sondern sind am Vorderrad angebracht. (So kann man nicht fahren. Das wird dadurch verdeutlicht, dass der/die Postbote/In die Dinger immer schieben muss. Vielleicht sollte ein Ingenieur sich darüber mal Gedanken machen. Ich schweife ab.)

Leo ist im Normalfalle nicht der begeisterte Fahrradfahrer vor dem Herrn. Aber wenn es sich nicht vermeiden lässt, trottet er eben neben Michaela oder mir her, treu seinem Schicksal ergeben. Ansonsten gilt: Fahrräder stören ihn nicht weiter, sie sind ihm nicht einen Blick, nicht einen Schnief wert.

Ganz anders die gelben Dinger.

Knurr, grummel, brummel!

Lautes Gebell schallt durch unseren Garten, Leo stellt seine Rückenbürste auf und fegt nach vorn zur Gartenpforte. Die klappert beim hastigen Schließen.

«Leo, lass gut sein. Es ist alles in Ordnung. Das böse Fahrrad tut dir nichts.»

«Ihr Hund ist ja ganz schön griffig», schallt es mir entgegen. Dem Postboten laufen ein paar Schweißperlen die Stirn runter. Angst oder doch die 29 Grad?

Ich gehe zu ihm hin und beruhige ihn. Leo, nicht den Boten.

«Keine Panik, ich bin bei dir. Alles ist gut. Hörst du, Leo?»

An den Postboten gewandt sage ich: «Sie müssen schon entschuldigen, aber das war jetzt nicht persönlich gemeint. Es ist das Rad, welches ihn aufregt. Ich habe keine Ahnung warum er das macht. Es ist nie etwas passiert, was das erklären könnte.»

«Wenn Sie meinen. (Sie spinnen doch, wem wollen Sie das denn erzählen?)»

Mir drängt sich der Verdacht auf, der Mann glaubt mir nicht.

Tags drauf das gleiche Spiel: Postbote, Fahrrad, heftiges Gebell und Geknurre, Schweißperlen.

«Nicht persönlich gemeint.»

«Ja, ja. (Ich zeig dir gleich was ich nicht persönlich meine.)»

«Leo, komm. Es wird Zeit für die Mittagsrunde.»

Mit Riesenterror zwängt er sich zwischen Rad und Zaun durch.

«Nicht persönlich – klar.»

Wir gehen unsere Runde durch das Viertel. In zirka fünfzig Metern Entfernung steht ein/das Postbotenfahrrad.

«Es ist alles bestens, mein Dicker. Du musst jetzt keinen Alarm veranstalten.»

Irgendetwas daran hat er nicht verstanden, denn die Bürste geht hoch, lautes Gebelle und Geknurre.

Hinter uns taucht der Postbote von vorhin auf.

«Äh, jetzt glaube ich Ihnen doch. Es geht Ihrem Hund ja wirklich nur um das Rad.»

Leo hat was gehört und kommt zurück, sieht den Postboten, geht auf ihn zu, beschnuffelt ihn freundlich, freut sich von vorn bis hinten, wendet sich wieder dem geduldig wartenden Rad zu und fängt erneut an zu bellen.

Seitdem floss kein Schweiß mehr und wenn, dann lag es doch an der Temperatur.

Wer glaubt, Leo mag die deutsche Post nicht, irrt. Hier in Braunschweig gibt es noch die blaue Post. Die haben die gleichen Fahrräder, nur eben blau.

Die Bürste geht hoch und Leo bellt was das Zeug hält.

«Tschuldigung. Das ist nichts Persönliches.»

«Sie mich auch!»

Ob bester Freund, Hauskumpan, Spielkamerad oder einfach nur „Haushund",
die Liebe zum Tier veranlasst uns auch zu prosaischen Höchstleistungen, wie
das folgende Beispiel zeigt.

Rex, my Love

(Text & Bild Rex Mama)

In einem Wahn, so muss es sein,
da willigte ich kürzlich ein,
zu retten dich von einer Insel,
was war ich für ein Einfaltspinsel ...
Wie einst mit Sissi, träumte ich,
so könnt' es werden – lächerlich,
denn statt verschmuster Dreisamkeit,
da brachtest du uns Jumptime-Zeit.
Du rülpst, du furzt, du springst uns an,
bringst auch zu Fall den stärksten Mann,
mein Sofa – schön mit Federkissen –
benutzt du gern, um draufzupissen,
und auf dem Boden landen Haufen,
bin schon fast kahl vom Haareraufen.
Möchte' ich gemütlich Gassi gehen,
brauchst du nur einen Hund zu sehen,
schon spielst du wild den dicken Maxe,
reißt ungeniert mir ein Loch in die Haxe.
Du springst auf Tisch, auf Tastatur,
ich denk mir oft, was mach ich nur?
Du gönnst ein Brot uns nicht mit Butter
und neidest stets uns jedes Futter,
du bist ein sturer Wüterich,
gar manchmal ist es fürchterlich ...

… und doch bist längst du angekommen,
in unsre Herzen aufgenommen,
brauchst du auch jetzt noch starke Hände,
so bin ich sicher, naht die Wende
und eines Tages wird man staunen,
der ganze Ort wird neidvoll raunen:
Was haben unverdient die Glück
mit sooo ´nem … lieben Hundestück

Staffordshire Bullterrier, die nur schmusen wollen, Australian Shepherds, die sich in einer Schafherde wohl fühlen oder englische Bulldoggen, die einen Jagdtrieb entwickeln, kann und darf das sein? Gibt es verhaltensgestörte Hunde und was ist das eigentlich eine Verhaltensstörung? Betrachtet aus einer nicht ganz ernst gemeinten Perspektive? So individuell wir Menschen sind, so unterschiedlich sind auch unsere vierbeinigen Freunde. Kaum ein Hund der genauso ist, wie es die Rassenliste „vorschreibt". Und dabei müssen wir nicht die rassenspezifischen Eigenheiten betrachten, oft reicht schon ein Blick auf das typische Verhalten von Rüden und Hündinnen. Schaut man genauer hin, ist die Überraschung oft groß.

Is` ne Hündin?

(Text & Bild Donata Godlewska)

... ja – nee is klar! Auf den ersten Blick sah Bienchen nach einer Hündin aus: klitzeklein, riesige Öhrchen –entzückendes Schnäuzchen, bestechend schöne Augen, und kein verlängertes Harnteil am Bauch!
Auch sonst war mit ihren knapp drei Lebens-Monaten nichts Unweibliches an ihr zu sehen ... oder zu hören oder sonst Gegenteiliges festzustellen. Nun wir wollten ja unbedingt ein weibliches Hundewesen haben.
Mein Mann, weil:
Hündinnen doch so sensibel-einfühlsam und gehorsam sind ....
Ich: weil ich aus Erfahrung wusste, dass Hündinnen sensibel, einfühlsam und gehorsam sind- jedenfalls mehr als die Rüden...!
Die Zeit vergeht rasend schnell und aus unserem „weiblichen Hundewesen", also von *entzückend, lieb, sensibel, gehorsam* wurde so langsam: entzückend, lieb, sensibel und schwer rebellisch. Eben wie das bei einem kleinen Hund in der Pubertät ebenso ist ... Vielleicht war es auch nur, weil sie ihre erste Läufigkeit bekam. Es war eine anstrengende Zeit. Bienchen war im wahrsten Sinne des Wortes „läufig"; sie lief regelmäßig weg und kam nach Stunden erst wieder. Jetzt mussten wir bangen, ob sie

uns mit Nachwuchs beglückt, bis wir merkten, dass sie sogar in der Standhitze jeden Rüden konsequent abwies. Als diese Zeit endlich vorbei war, dachte ich, wir könnten aufatmen, aber weit gefehlt, denn jetzt kam wohl die Zeit der Identitätsfindung ...

Bienchen zoffte sich mit jedem Hund, egal ob Rüde oder Hündin, am liebsten aber mit Rüden. Dabei war ihr vollkommen egal, das die Hunde oft wesentlich größer waren als sie selbst. Tatsächlich gaben die meisten auch entnervt auf. Einen solchen Sieg zeigt sie dann offen indem sie kräftig mit ihren Hinterbeinchen den Boden zerscharrte und am nächsten Baum ihr Beinchen hebt. Erste Zweifel begannen an meinem Hirn zu nagen: ich habe noch nie Hündinnen gesehen die - genau wie ein Rüde - ihr Revier abmarkierten. Nach einem weiteren Jahr hoffte ich, dass sie ihre Identität gefunden hat. Doch als die Nachbarshunde einen weiten Bogen um Bienchen machten, wurde ich mehr als unruhig. Mein nächster Weg war der zum Tierarzt: «Nein, Ihr Bienchen hat keine Hormonstörung und ist auch organisch vollkommen gesund, vielleicht hilft ihnen ein Hundepsychologe!» Eigentlich dachte ich – als Ausbilderin für Polizeihunde müsste ich gute kynologische Kenntnisse haben, aber Hundepsychologie? War mein Bienchen verrückt? Schweren Herzens suchte ich also tatsächlich einen Fachmann für Hundeseelen auf ...
Dort angekommen wartete ich erst einmal bis der Behandlungsraum frei von anderen Hunden war. Noch bevor ich der Hundeflüsterin auch nur ein Wort über Bienchen erzählte, wollte sie meinen „Problemhund" zuerst sehen. Zuerst lachte sie, als sie das winzige Wesen sah und forderte mich auf sie ein wenig auf der Hundewiese laufen zu lassen ... «Lach nur ruhig", dachte ich, «du wirst schon sehen!»
Während Bienchen also die Hundewiese abschnüffelte und fleißig ein Revier für sich „absteckte", klagte ich der Psychologin mein Leid ...
Eine gute Stunde hörte sich die Seelenärztin mein Gejammer an und ließ ihre Augen nicht von Bienchen. Nachdem *Ihro Majestät* ihren Streifzug beendete, pflegte sie sich zu uns zu gesellen, knurrte kurz die fremde Frau an und scharrte mit ihren Hinterbeinchen. Gott war mir das peinlich und bevor ich begann mich zu entschuldigen erhielt ich die Diagnose:

«Nein was ist das für eine selbstbewusste Persönlichkeit!», lachte die erfahrene Frau wieder.

«Ihr Bienchen ist nicht verrückt, sie kann nur, dass was viele ihrer Artgenossen nicht mehr können: selbständig Denken!

Sie ist nicht so wie ihre anderen Hündinnen – sie ist eine „Rüdin", aber genau das ist das Schöne an ihrem Hund!»

Einmal kommt aber auch der Zeitpunkt des Abschiednehmens. Anders als bei uns Menschen haben wir die Möglichkeit eine Entscheidung im Sinne unseres Lieblings zu treffen. Wir können und müssen die Entscheidung unabhängig von unseren eigenen Bedürfnissen und Gefühlen treffen, allein das Wohl unseres Hundes zählt. Nicht die Last, die Mühe und die Sorge zählen, sondern einzig die Verantwortung, die wir für unseren Hund übernommen haben zählt. Der kleine Kerl hat uns meist viele Jahre begleitet und er hat das Recht auf einen würdigen Abschied. Diese Tatsache sollten wir respektieren und nicht egoistisch denken. Allerdings dürfen wir uns auch nicht verleiten lassen unbequeme Krankheiten oder das Alter als Argument für eine „schnelle Lösung" zu wählen. Viel Liebe spricht aus den folgenden Beschreibungen eines erfüllten Hundelebens.

17 Jahre meines Lebens

(Bild & Text: Katrin Kränzler)

Am 09. April 1997 bekam ich von meiner Freundin einen Anruf. Ich sollte so schnell wie möglich zu ihr kommen, bei ihrer Hündin setzten die Wehen ein. Ich schnappte mir meine drei kleinen Jungs und düste los. Die Hündin lag in ihrer Wurfkiste und der erste Welpe kam schon heraus.

Er war ungewöhnlich groß und ich nahm ihn sofort, um ihn von der Fruchtblase zu befreien und trocken zu rubbeln. Ziemlich schnell machte sich der Zweite auf den Weg in diese Welt.

Die Hündin war ein Mischling aus einem Dobermann und einem Schäferhund und sie wurde von einem Golden Retriever gedeckt. So waren die ersten beiden Welpen schwarz. Der Dritte kam, auch dieser schwarz.

Dann der Vierte: er sah anders aus, war ein Rüde und mir streckte sich eine weiße Pfote entgegen. Ich sagte sofort, das ist meiner. Insgesamt kamen neun Babys an diesem Tag auf die Welt. Alle sahen ziemlich gleich aus, nur meiner war einzigartig.

Der Mama ging es nach der Geburt sehr schlecht und so beschlossen wir, die Hälfte der Welpen wird nachts mit der Flasche gefüttert und die anderen tagsüber. So hatte die Mama ein wenig Ruhe.

Ich nahm meinen Welpen zwei Nächte mit zu mir und fütterte ihn jede Stunde mit der Flasche. Morgens, wenn meine Kinder zum Kindergarten gingen, fuhr ich mit ihm zu seiner Mutter und er durfte den ganzen Tag bei ihr bleiben. Ich blieb bei meiner Freundin und half, die restlichen Welpen mit der Flasche zu füttern. Es ging der Mama bald besser und so konnte sie wieder alle neun Welpen säugen.

Ich würde gerne sagen, die Zeit bis ich ihn ganz nach Hause holen konnte, verging wie im Flug, aber das tat sie nicht.

Ich versuchte so oft wie möglich, ihn zu besuchen und dann war er endlich zehn Wochen alt und er zog bei uns ein. Ich stand auf Götternamen und unsere beiden Katzen hießen Zeus und Hera, da war klar, auch er sollte einen passenden Namen bekommen. Wir nannten ihn Odin.

Er arrangierte sich sofort mit unseren Katzen und liebte die Kinder. Er ging mit zum Kindergarten, ließ sich geduldig von allen streicheln und war den Kindern immer ein toller Spielkamerad.

Die Freunde und später die Klassenkameraden der Jungs kannten uns nur mit unserem großen schwarzen Hund mit der weißen Pfote. Er beschützte die Familienmitglieder, lief geduldig am Fahrrad und war nie ernsthaft krank.

Im Alter von 13 Jahren ging es ihm langsam schlechter und wir beschlossen, es sollte ein Welpe einziehen. Im Abstand von sechs Monaten wurden es dann zwei neue Welpen und Odin, den wir liebevoll nur noch Opi nannten, blühte unglaublich auf.

Er spielte ausgelassen mit den beiden und hatte die Aufgabe, die Rudel-führung zu übernehmen. Als Rudelführer hat er eine wichtige Rolle in der Erziehung der beiden Halbstarken übernommen. Doch wir wussten nicht, wie lange er noch bei uns bleiben würde.

Wir feierten seinen 14. und seinen 15. Geburtstag. Eine ausgewachsene Inkontinenz kam nun hinzu. Wir suchten eine Lösung und fanden Rüdenwindeln.

Diese trug er immer im Haus und damit ging es ihm besser. Er tropfte nicht mehr alles voll und er versuchte nicht, ständig alles sauber zu halten. Die Windel war für ihn eine Selbstverständlichkeit.

Er wurde stocktaub. Morgens war er immer der Erste, der aufstand und nun nicht mehr. Wir machten Licht an, liefen an seinem Körbchen vorbei, machten Kaffee und gingen ins Bad. Wenn ich damit fertig war, weckte ich ihn, so sanft wie möglich. Doch er schreckte jedes Mal hoch, was mir immer unglaublich leidtat.

Den letzten Wanderurlaub, zu dem er mitkam, machte er mit 15 Jahren und da er seine hinteren Beine nicht mehr richtig hochnehmen konnte, bekam er Schuhe. Dann konnte er auch mal die Füße schleifen lassen, ohne dass etwas passieren konnte.

Ich hatte schon einige Hunde gesehen, die das erste Mal Schuhe trugen und ich befürchtete, er würde sich damit nicht abfinden können. Aber genau das Gegenteil war der Fall. Er lief damit, als hätten immer Schuhe an seinen Füßen gefehlt.

Und dann feierten wir seinen 16. Geburtstag. Er gab die Rudelführung langsam ab und zog sich auf sein Altenteil zurück. Er genoss es im Gras im Garten zu liegen und die beiden anderen Hunde zu beobachten.

Zum Wandern kam er nun nicht mehr mit. Er lief bei unseren Spazier-gängen immer ohne Leine langsam hinter uns her und unsere Wege wurden kürzer. Der 17. Geburtstag kam und wir feierten ihn mit einer großen Hundetorte. Eine unserer Katzen fing an, sich jeden Abend für eine halbe Stunde zu ihm zu legen, was vorher nie passiert war.

Insgeheim wussten wir, was das bedeutete, aber es sprach niemand aus. Am 06. Juni 2014 halfen wir ihm über die Regenbogenbrücke zu gehen. Er war des Lebens müde und durfte im Kreis seiner Lieben gehen. Alle unsere fünf Katzen waren dabei und auch unsere beiden anderen Hunde saßen an seiner Seite. Er durfte auf seinem Platz im Wohnzimmer liegen, den Kopf im Schoß und ich bilde mir ein, sein Blick drückte Dankbarkeit aus.

Es ist schon etwas ganz Besonderes, seinen Hund vom ersten Atemzug bis zum Letzten mehr als 17 Jahre zu begleiten, oder hat er mich begleitet?
Noch heute fehlt er in vielen Situationen und auf unseren Spaziergängen sehe ich ihn manchmal neben uns herlaufen.

Dabei sind die Hunde natürlich „nicht nur" die Aufpasser für ihre Frauchen und Herrchen, nicht nur der Zeitvertreib und auch nicht nur die Spielkameraden für die Kinder. Nein, sie beschäftigen sich auch mit höheren Aufgaben. Sie übernehmen die Rudelführung, erstellen eigene Regeln für die Lebensführung UND sie haben grundsätzlich eine eigene Sicht der Dinge. Es gibt phlegmatische Hunde, die es nicht so genau nehmen. Es gibt den philosophischen Hund, er denkt oft über den Sinn des Lebens nach und vergisst dabei die Kommandos. Es gibt aber auch den stolzen Hund, er weiß nichts genau, aber alles besser. So einer ist Aaron, der Protagonist der folgenden Geschichte.

Die Tütenträger

(Bild & Text: Aaron und Paul Neuenhofer)

Hallo an alle Vierpfoten, Fellnasen und Zweibeiner, ich darf mich mal kurz vorstellen.

Mein Name ist Aaron: «DER AARON!»

Geboren im Dez. 2013 und meines Zeichens ein stolzer Bouvier „RÜDE" des Flandres. Mein ganzer Name lautet: Aaron – Bjelle von der Famback. Schwarz mit einer weißen Blässe auf der Brust und gerade so ein Jahr alt.

So und jetzt versuche ich mich mal als Schriftsteller!

Ein RÜDE kann schließlich „Alles".

Also hier meine erste kleine Geschichte. Natürlich Pulitzer-Preis verdächtig!

Im Dez. 2013 geboren, holten mich meine sogenannten erfahrenen neuen Lebensgefährten, im Alter von zarten zwölf Wochen, im Feb.2014 zu sich. In *ihr* Zuhause und in jetzt meinem neuen Revier.

Diese sogenannten (Hunde-) erfahrenen Zweibeiner hatten vor langer Zeit schon mal Fellnasen, einen Schäferhund (Pah) und zwei Bouvier-Damen. (Oohhh) Die waren jaaa!

alllleeee!

sooo!

schöönnn!

liiieebb!

braffffff! und soooo! gehorssaaammm!.

Na ja, jedenfalls bin ich jetzt da.

Ich nenne sie mal, vorab, die Zwei, eine Sie, Ulrike und ein Er, Paul.

Beide haben sich schon vor meiner Geburt für den Züchter und das Rundherum interessiert. Sehr lobenswert!! Kurz nach dem meine Geschwister und ich das Licht der Welt erblickten, sind sie gekommen, um sich einen Welpen auszusuchen. *Sie* wollte eine Hündin und *Er* einen Rüden! Während *Sie* bei meinen Geschwistern noch nach einer Hündin schaute, habe ich mich bei IHM schon mal eingeschleimt.

Kennt Ihr ja, ans Bein lehnen, auf den Fuß setzen, mit großen Augen anschauen und kleine putzige Geräusche abgeben.

Hat dann auch geklappt und pünktlich mit zwölf Wochen haben sie mich dann zu sich geholt. Schnell stellte sich heraus die Zwei waren ja so „ERFAHRENE HUNDEHALTER"! Vor ca. 20 Jahren oder sind es schon 30 Jahre her hatten sie, wie schon gesagt, schon mal Hunde.

Ha, aber jetzt bin ich ja da: Ein RÜDE! Und das sollten sie bald zu spüren bekommen. Wenn ein Schäferhund oder aber die Bouvier–Hündinnen, ach so lieb und doch schon mal stur sein konnten, ich bin nicht nur stur, sondern auch schwerhörig, spielsüchtig, stark und vor allem Willensstark.

Nach einiger Zeit versuchen die Zwei mir „bei Fuß", „Platz", „Sitz" und so weiter beizubringen, dass ich nicht lache. Mal machte ich mit, das freute die Zwei und dann mal eben nicht, dann wunderten sich die Zwei. Kopf kratzen: «Hat doch sonst immer geklappt.» Was Sie noch gar nicht richtig geschnallt haben, *ICH* habe *Sie* im Griff:

Futter geben, bürsten, spielen, kraulen, Lager richten, usw., usw. Ganz wichtig: Gassi gehen.

Damit es keinen Ärger mit der Nachbarschaft oder Ordnungsamt gibt, haben die Zwei immer Tüten für meine Hinterlassenschaften dabei.

Ach was mir da gerade auffällt: Manche Fellnasen nennen ihre Zweibeiner: Dosenöffner, Futterspender, Leinenhalter, Wasserträger oder, oder.

Aber ich nenne sie ab jetzt:

„Die TÜTENTRÄGER!"

Es gibt wohl kaum einen Hundebesitzer, der nicht die tollsten Erlebnisse aus dem Urlaub berichten könnte. Sei es die vollgekotzte Rückbank, der mit Durchfall verschmierte Kofferraum oder der durch „Jagdtrieb" verursachte Daueraufenthalt an der Autobahn-Raststätte. Dazu gehören auch der Muskelkater nach intensivem Strandlauf am Hundestrand, die Unmengen Sand im Bett, wenn's Hundchen mal eben reinhüpft und der Besuch beim Tierarzt, wenn sich Hundchen verletzt hat. Gut ist's, wenn die Storys so ausgehen, wie in der folgenden kleinen Urlaubsgeschichte.

Dackel, die auf Raben starren

(Bild & Text: Jasmin Sachse)

Mein Name ist Buddy und ich bin ein Dackel und ich lebe zusammen mit meiner Kaninchendackelfreundin Lucy, einer Katze und zwei Menschen, die uns adoptiert haben. Vor ungefähr einem Jahr, im September, kurz vor meinem ersten Geburtstag, beschlossen die Zweibeiner, wir bräuchten Erholung. Also wurde das Auto beladen und wir fuhren gemeinsam ans Meer. Nach der langen Reise fanden wir uns dann in einem Ferienhaus wieder, ganz unten im Erdgeschoss mit einer Tür in einen kleinen Garten. Als erstes markierte ich dort mein Revier an einem Gebüsch. Ordnung muss sein! Mama kramte und packte das ganze Zeug, was sie am Vortag eingepackt hatte, wieder aus. (Menschen!)
Dann ging es spazieren. Draußen roch es komisch, nach Salz und anderem ungewohnten Zeug. Wo war ich? Der Boden war sehr weich und nachgiebig und bald lief ich über puren Sand, vor mir erstreckte sich ein weites, großes Wasser, bis zum Horizont.
Mir fiel die Kinnlade herunter. Das große Wasser war gigantisch. Ich konnte kein Ende sehen, soweit ich schaute. Das musste das Ende der Welt sein, von dem die Katze erzählt hat. Allerdings schmeckte das Wasser nicht, es war im Gegensatz zu mir bekanntem Wasser salzig und als ich fröhlich reinhüpfte, riss mich gleich eine Welle um.

Am Abend waren wir nochmal am Strand (so viel hatte ich inzwischen verstanden), als fast keiner mehr dort war.

Lucy lief frei und ich an der Schleppleine.

Die Versuchung, all die Möwen zu jagen, war einfach zu groß! Ein besonders dreistes Exemplar stahl uns eine Tüte Leckerlis!

Die verfressene Lucy war erschüttert. Papa entdeckte ein paar Meter weiter weg die diebische Möwe und rannte ihr nach und es gelang ihm, sie zu vertreiben, in dem er unseren Ball in ihre Richtung warf.

Die Leckerlis waren weniger, aber gerettet!

Am Tag darauf freuten wir uns schon mächtig auf den Hundestrand.

Es war sehr aufregend dort bei all den anderen Hunden. Besonders mit einem Pudelpärchen haben wir uns gut verstanden, Lucy tollte mit ihnen durch den Sand.

Ich fand sie auch nett und spielte mit ihnen, nur die dumme Leine störte.

Papa sah das auch schnell ein und ließ mich frei. Meine Stunde hatte geschlagen!

Zunächst fesselte unser Spiel mit den Pudeln meine ganze Aufmerksamkeit, doch mitten im schönsten Hüpfen und Rennen sah ich einen Vogel.

Er war schwarz, wie ich, und schien genau wie die Möwe am Vortag auf Raubzug aus zu sein.

Aber nicht mit mir! Niemand stiehlt mir meine Hundekuchen, zumindest nicht zweimal hintereinander!

Meine Menscheneltern waren abgelenkt und unterhielten sich mit den Besitzern der beiden Pudel und Lucy war noch damit beschäftigt, mit den beiden Hunden zu spielen, so wurde erst bemerkt, dass ich zu dem Raben lief, als ich schon auf und davon war.

Leider konnte der freche Vogel fliegen und flog immer, wenn ich ihn fast eingeholt hatte, ein Stück weiter weg. Ich verfolgte ihn aus dem Hundeabschnitt des Strandes hinaus und jagte ihn bis auf den Wellenbrecher, wo er sich zu ein paar Möwen setzte.

Ich hatte ja geahnt, dass die Vögel gemeinsame Sache machten!

Der Wellenbrecher bestand aus vielen, aneinander gereihten Holzpfosten, die tief in den Boden gerammt waren, und der Gewalt des Wassers trotzten. Muscheln, Algen und Möwenkot hatten eine schmierige Schicht auf der Oberfläche der Stämme gebildet.

Sie reichten bis weit hinaus, wo das Meer so tief ist, dass nicht mal ein Mensch dort stehen könnte, und dort hinten saß die Vogelschar.
Vorsichtig und tapfer balancierte ich Schritt für Schritt über das glitschige Holz.
Indessen hatten meine Eltern und Lucy die Verfolgung aufgenommen, die Menschen hatten Angst um mich, weil zum einen auch ein kleiner Vogel ganz schön hacken konnte, außerdem könnte mich, wenn ich reinfiele, die Strömung hinaustragen. Lucy rannte einfach hinterher, weil ihr es Spaß machte.
Der Rabe und seine Möwenkumpel hatten genug von meiner Darbietung und flogen, einer nach dem anderen, davon.
Nun stand ich allein auf den Holzstämmen, links und rechts von mir krachten die Wellen mit Getöse gegen den Wellenbrecher, der Seewind pfiff mir um die Ohren.
Hinter mir kletterte mein Papa her, entschlossen mich zu retten. Mama bereitete sich schon seelisch darauf vor, gleich ins Wasser zu rennen und mich rauszuholen, falls ich reinfiele.
Ich drehte mich dann einfach um und lief zurück, ohne mich auch nur im Geringsten zu fürchten. Wir Dackel sind doch mutig. Mama war erleichtert, dass mir nichts passiert ist, trotzdem ging es dann heim und ich musste an der rosa Prinzessinnenleine von Lucy heimlaufen.

Viele ganz besondere Erlebnisse haben die Betreuer und Betreuerinnen von Tierauffangstationen und Tierheimen. Hier leben meist Waisenkinder der jeweiligen Spezies untereinander und miteinander, aber auch hier kommt es mitunter zu besonderen Begegnungen. Ob wir uns nun über Tierheime unterhalten, über private Auffang- und Übergangsstationen, oder einfach nur eine Pflegestelle in der Nachbarschaft betrachten. Insbesondere die Zweisamkeit zwischen Hund und Katze haben hier meist eine ganz besondere Bedeutung.

Sammys Job

(Text & Bild: Katja Breuer)

Wie in jeder gut funktionierenden Firma müssen auch bei uns alle ihren Job erfüllen – das beinhaltet selbstverständlich auch und besonders alle tierischen Familienmitglieder. Während ich bei den Katzen noch daran arbeite und ein Personalgespräch nach dem anderen führen muss, war es wohltuend Sammy bei uns zu haben. Der musste gar nicht großartig angelernt werden, er war ein Naturtalent.

Er konnte z.B. im Garten feine Löcher buddeln, darin Schuhe verstecken, die er zuvor irgendwo im Haus gefunden hat - zack, war es wieder aufgeräumt!

Lag irgendwo etwas Essbares herum, opferte sich Sammy (und seine Figur), damit nichts verkam. Natürlich tat er das niemals heimlich, denn jede Nahrungsaufnahme wurde akustisch angezeigt durch einen lauten Rülpser.

Manchmal wurden auch alte Kissen, die schon jahrelang auf dem Sofa herumlagen, einfach entsorgt, indem sie in ihre Bestandteile zerlegt und dem dualen System zugeführt wurden.

Ja, für die Hausarbeit hatte Sammy wirklich ein Händchen ... ähm Pfötchen natürlich!

Doch auch in der Auffangstation für Katzen (-waisen) machte er sich nützlich. Während ich die Boxen putzte, nahm sich Sammy der kleinen Wesen an und brachte ihnen viele nützliche Dinge bei oder spielte einfach nur mit ihnen.

Das führte dazu, dass ich kaum mit meiner Arbeit vorankam, weil ich meinen Hund dabei beobachtete, wie er sich ganz liebevoll und sanft, vor- und umsichtig mit ihnen abgab.

Dabei hatte er eine bewundernswerte Geduld und Beherrschung – während er gerade an den Pfoten sehr kitzelig war und jede kleinste Berührung von Menschenhand sehr unangenehm fand, durften die Kleinen sogar mit den dicken, zotteligen Pfoten spielen, ohne dass er auch nur eine hastige Bewegung machte, um sie nicht zu verletzen.

Er übernahm die Arbeit der Bauchmassage, wenn ich die Säuglinge mit der Flasche fütterte, animierte sie zum Absatz der Stoffwechselendprodukte und leckte auch ihr Fell ganz sauber, wenn sie die Milch verschlabberten. Keine Katzenmutter hätte es besser als Sammy machen können und ich war ihm dafür sehr, sehr dankbar.

Alle kleinen Zöglinge wuchsen unter Sammys Anleitung zu charakterstarken und wesensfesten Katzen heran, die sowohl mit Hunden, als auch mit Artgenossen und Menschen wunderbar klarkamen.

Auch Sammy war 'nur ein Mensch', dessen Herz sich bei manchen dieser Schützlinge ganz besonders öffnete - und so zog ein Brüderpaar aus der Auffangstation in unser Privathaus: Huckleberry und Habibi. Sammy hatte sich so in sie verliebt, dass er kaum von seinem Arbeitsplatz zu bekommen war und obwohl die beiden mit ihrer Mutter bei uns waren, erklärte Sammy und ganz deutlich, dass er ohne die beiden nicht mehr sein wollte.

Wann immer es den beiden nicht gut ging, stellte Sammy seine Belange hinten an, aß nicht mehr, wollte nicht mehr raus und ließ sie keine

Sekunde aus den wachsamen Augen. Sie durften mit ihm in seinem Bett schlafen, er 'bemutterte' sie. Mussten sie medizinisch versorgt werden, litt Sammy mit, wenn sie eine Spritze oder Medizin bekamen. Er winselte sogar, als hätte er die Spritze und nicht die Babys sie bekommen.

Diese Zuneigung beruhte auf Gegenseitigkeit, denn als Sammy seine OP nach einer Milzruptur hatte, putzten ihn die Brüder und kuschelten zärtlich mit ihrem großen Freund.

Nur einmal, da wollten sie nichts mit ihm zu tun haben: da hatte Sammy sich mit Wonne in Schafskötteln gewälzt, als wir auf dem Deich spazieren gegangen waren.

Vielleicht hat er das mit voller Absicht getan, damit er auch mal Urlaub bekam? Ich werde es nie ergründen ...

*Zurück zum täglichen Leben, zurück zum Alltäglichen. „Let's talk about Sex",
ja auch das gehört zum täglichen Leben unserer Mitbewohner. Laut Wikipedia
definiert der Begriff: «Im allgemeinen Sprachgebrauch bezeichnet Sex sexuelle
Handlungen zwischen zwei oder mehreren Sexualpartnern», das dabei zwei
Hunde die Hauptrolle spielen und hier nur die Rasseerhaltung und die Fort-
pflanzung im Vordergrund steht, beschreibt das Internetlexikon an dieser Stelle
nicht.*

Leo soll Gina beglücken

(Text & Bild: Horst Knoblich)

Die Rückfahrt von einem unserer Kurztrips an die Müritz nach Hause
verlief wieder über die übliche Strecke und die schon bekannten Dörfer.
Immer wieder machen wir Pausen, damit Leo das Bein heben kann,
Pausen, damit wir Kaffee trinken können. Auf einer dieser Pausen stand
neben uns ein Wagen mit einem Ehepaar. Sie stieg aus und kam auf uns
zu. Natürlich nicht auf Michaela oder mich, sondern zielgerichtet auf
Leo. «Das ist ja ein Prachtkerl. Und so schön weiß.»
Wie heißt er denn? Wie alt ist er denn? Wo wohnen Sie denn? Ob er
denn, da ja wohl im besten Mannesalter, seine Manneskraft schon unter
Beweis gestellt hätte, und diese Hunde wären ja wohl der Traum von
einem Hund. Man müsste die Welt doch an diesen Hunden teilhaben
lassen und ganz viele kleine weiße Schäfer in die Welt setzten. «Haben
Sie mal Ihre Telefonnummer? Ich würde Sie gern anrufen, wenn unsere
Gina läufig ist und sie von Ihrem Leo decken lassen (selbstverständlich
ist Gina die allerschönste der Schönen und die klügste der Klugen). Wäre
das nicht entzückend?» Etwas überfahren gebe ich der Frau meine
Visitenkarte und steige schweigend ins Auto. «Können wir bitte weiter-
fahren? Das muss ich jetzt verdauen.» «Was denn?»
«Die Frau eben hat mir einen Antrag gemacht.» «Wie bitte?» «Leo soll
mit deren Gina Schweinkram machen.»

Michaela dreht sich zu Leo um und sieht im in die braunen Augen. «Leo? Der weiß doch gar nicht, wie das geht. Und wann?»
«Keine Ahnung. Die wollen sich bei uns melden.»
Monate später, das Telefon klingelt. «Ja?» «Siebert hier. Erinnern Sie sich an uns?» Was für eine Frage, selbstverständlich natürlich nicht. «Äh, helfen Sie mir auf die Sprünge.»
«Wir haben uns doch auf dem Parkplatz getroffen – Gina, die weiße Schäferhündin?»
«Ach, ja klar, sicher doch.» Ich habe keinen Schimmer.
«Leo soll doch unsere Gina decken. Darüber hatten wir doch schon gesprochen. Sie ist jetzt alt genug und es kann nicht mehr lange dauern, bis sie läufig wird. Mein Mann Karl und ich sind der Meinung, dass Sie mal zu uns kommen sollten - natürlich mit Leo, dann können wir uns alle näher kennen lernen und die Hunde sich schon beschnuppern. Was halten Sie davon? Wie passt es Ihnen am kommenden Wochenende um vierzehn Uhr dreißig? Ich geb' Ihnen gleich die genaue Adresse. Haben Sie Stift und Zettel zur Hand?» Langsam kommt mein Hirn auf Touren. Da war doch was. Richtig, Leo soll Schweinkram machen, soll Vater werden. Was wollte die Frau von mir? Zettel? Kugelschreiber?
«Moment ... es kann losgehen.»

Frau Siebert diktiert mir die Anschrift: «Das ist ganz leicht zu finden. Am Ende der Straße ist es das einzige Haus mit roten Klinkern.»
«Irgendwie klang Frau Siebert danach, als müssten wir super pünktlich sein. Weder zu spät noch zu früh. Kriegen wir das hin?»
«Wenn Leo rechtzeitig fertig wird – ja.»
Es ist Sonntag und wir sind unterwegs. Leo hat es pünktlich ins Auto geschafft. Unterwegs beginnt es kräftig zu schneien. Wunderbar. Dann wird Herr Leo unterwärts nass und schmutzig. Ich liebe es. Vorsorglich haben wir alte Handtücher im Auto liegen.
«Wer weiß wozu das gut ist.»

Das Ende der Straße, ein rot geklinkertes Haus, die Nummer stimmt auch, der Motor verstummt und der Zeiger der Uhr springt auf exakt vierzehn Uhr fünfunddreißig.

Leo springt aus dem Wagen mitten rein in eine Pfütze. Kann es noch schlimmer kommen? Notdürftig trocken wir ihn ab.

Ein letzter Blick auf unseren Schützling, können wir ihn so seiner Zukünftigen präsentieren? Sitzt seine Frisur, sind die Nägel sauber?

Michaela klingelt, ein Dreifach-Gong ertönt. Sekunden später wird die Tür langsam einen Spalt breit geöffnet. Oben eine Frau (höchst wahrscheinlich die Dame des Hauses) unten eine Gumminase.

«Guten Tag Frau Siebert», grüßt Michaela.

Ich schließe mich an: «Hallo, wir haben den Winter mitgebracht.»

«Guten Tag. Haben Sie es gefunden?»

Was für eine blöde Frage.

«Dank Ihrer guten Beschreibung war das kein Problem.»

Die Tür geht weiter auf und der Gumminase folgt ein Hundekopf. Zaghaft lugt Gina nach draußen. Leo, der doch tatsächlich einen Siebertschen Busch angepinkelt hat (was hoffentlich keiner gesehen hat), ist bedeckt erfreut. Eher müde geht seine Rute hin und her. Ehekrise bevor es begann? Frau Siebert öffnet die Tür ganz. Im Flur steht also die Gina, der Glanz in der Hütte, der Stern am Himmel der Sieberts. Klein, zierlich, schüchtern. Auf der Fußmatte Leo und ... Himmel, er tropft noch nach, wir haben ihn nicht richtig trocken bekommen. Plitsch, plitsch. Wenn der sich jetzt schüttelt. Ich mag nicht daran denken.

Wir drei Erwachsene und zwei Hunde stehen also da, nicht drinnen, nicht draußen. Keiner sagt etwas, noch nicht einmal belangloses Zeug über das Wetter. Die Hunde tauen langsam auf und beschnuppern sich gegenseitig und wir frieren ein.

Peinliche Situation, alle haben ein dümmliches Grinsen im Gesicht. Was zum Teufel machen wir hier eigentlich? Können wir bitte wieder heim? Die Hunde retten uns indem Gina ins Haus läuft und Leo hinterher. Frau Siebert gibt daraufhin die Tür frei und bittet uns herein. Die Hunde wuseln um unsere Beine herum und werden immer munterer. Schön, dass sich wenigsten zwei freuen.

«Kommen Sie, legen Sie doch ab.»

«Danke, gerne.»

Und wieder gerät die Unterhaltung ins Stocken.

Ein Herr betritt die Bühne.

«Guten Tag, Frau Knoblich, guten Tag, Herr Knoblich.» Shakehands.
«Kommen Sie doch bitte herein und nehmen sie Platz. Wir haben Bohnenkaffee und Kuchen.»
«Oh, ja. Den Kuchen habe ich heute Vormittag frisch gekauft.»
Wir betreten einen Raum, der offenbar das Esszimmer der Sieberts ist. Hier steht der gedeckte Tisch mit Kuchentellern, Kaffeetassen, einer Kaffeekanne und einem Teller mit zwei Plunderstücken und drei kleinen Obststücken. Die Hunde spielen miteinander auf dem Teppich. Wir sitzen leicht verklemmt am Kaffeetisch.
Er: «Kaffee?»
«Danke, gern. Mit Milch, wenn's geht»
«Für mich auch, danke.»
Sie: «Kuchen?»
Jetzt kommt der Moment, wo ich mich immer übelst zurückhalten muss, denn bei Kuchen kann ich nicht Nein sagen.
«Ja gern.» Frau Siebert greift nach meinem Kuchenteller, nimmt den Tortenheber und zerteilt ein Plunderstück in zwei Teile. «Das sind so riesige Stücke, das sind wir gar nicht gewohnt.»" (Aber ich.) «Danke schön.»
Michaela wird gar nicht gefragt, sie bekommt die andere Hälfte.
«Danke.» Leo erkundet das Wohnzimmer oder hat es jedenfalls vor. (Das Wohnzimmer ist lediglich durch zwei gut vier Meter breite Stufen vom Esszimmer getrennt.
Sie: «Oh, das ist nicht gut. Leo, komm bitte zurück.»
Er: «Gina darf auch nicht ins Wohnzimmer, wir möchten das nicht. Sie darf sich im Esszimmer frei bewegen. Selbstverständlich auch im Flur und im Garten - aber im Wohnzimmer hat sie nichts verloren.» Michaela ruft Leo zurück, der, Gottlob, auch sofort kommt. Die schleppende Unterhaltung kommt erneut zum Erliegen. Hoffentlich schmatzen wir nicht, kleckern nicht und hinterlassen keine Krümel. Aus den Augenwinkeln sehe ich, dass Michaela auch verkrampft auf dem Stuhl sitzt. Das gemächliche Spielen der Hunde ist vorüber und beide liegen zu unseren Füßen.
«Die Weißen sind so schön, so lieb, die muss man einfach in die Welt bringen», platzt Frau Siebert mitten in das beschauliche Schweigen hinein.

«Ich habe mich mit einer Freundin unterhalten und die ist auch der Meinung, es wäre eine Schande, würde Ginas Schönheit nicht weitergegeben. Ich freue mich schon drauf. Was meinen Sie? Passen die beiden zusammen?»

Ich werfe einen Blick auf die beiden. Nase an Nase liegen sie auf dem Teppich.

«So wie die beiden sich bis jetzt gegeben haben, sehe ich da keine Probleme», ergreift Michaela das Wort. «Wenn die sich nicht verstehen würden, hätten wir das schon gemerkt.»

«Ganz meine Meinung.» Er: «Noch Kaffee?»

Michaela: «Für mich nur noch eine halbe Tasse bitte. Ich kann sonst nicht schlafen.»

Ich schwindele mich schnell aus der Affäre: «Nein, danke. Ich bin kein Kaffeetrinker.»

Der Kaffee ist ein sehr dünner Blümchenkaffee.

Schweigen. Langsam wird das hier peinlich. Frau Siebert steht auf und geht nach nebenan.

«In der Küche hängt der Zettel auf dem steht, wann Gina das nächste Mal wieder läufig ist. Das ist in ... am ... nein falsch, das muss in fünf Monaten wieder soweit sein.»

Er: «Schatz, bist du sicher?» Sie: «Ja, wenn es hier doch steht.» Jetzt steht auch Herr Siebert auf: «Ich lasse die beiden Hunde mal in den Garten zum Spielen.» Gute Idee. NEIN! Ganz, ganz schlechte Idee. Zu spät. Die Hunde sind draußen und toben durch den Garten. Sieh an, Fräulein Gina kann ja laufen. Leo hinterher. Über den Rasen, quer durch die Blumenbeete, hin und her, vor und zurück, Gina hier hin, Leo da hin, Gina an Land, Leo im Wasser. Mit einem lauten Platschen ist er im Goldfischteich gelandet. Das war's. Wir werden bestimmt auf Schadenersatz verklagt, Leo kommt ins Hundegefängnis und wir müssen den Kuchen bezahlen.

Säuerlich ist Herr Siebert der Meinung, dass das nichts mache und ja auch nichts passiert sei. «Ich habe Tücher im Auto liegen. Die werde ich schnell holen und Leo damit abtrocknen.» Der schüttelt sich ausgiebig und sorgt so dafür, dass Gina auch was von seinem Bad hat. Wir werden nicht durch das Wohnzimmer nach draußen geführt, wir müssen durch die Haustür raus und rum. Natürlich bekommen wir Leo nicht trocken und haben somit Hausverbot. Im Stehen klären wir schnell noch die weitere Vorgehensweise. Die sieht wie folgt aus: A) es wird gewartet bis Gina läufig ist, dann kommt B) Leo für die Standzeit hierher, um C) Gina zu decken, was aber erst nach D) einem Anruf von Frau Siebert erfolgt. Sie würde sich um alles kümmern, wir bräuchten auch bitte nicht anrufen, weil die Läufigkeit von Gina sich ständig verschiebt und sie sich nicht sicher sein könne, wann es das nächste Mal der Fall ist und es hat uns sehr gefreut sie kennen zu lernen und er, also Herr Siebert, meldet sich dann. «Sie finden den Weg zurück nach Hause?»

„Ja.» Die Haustür fällt ins Schloss.

Damit ist die Geschichte 'Leo soll Gina beglücken' Geschichte. Selbstverständlich hat niemals das Telefon geklingelt, wir haben auch keinen weiteren Gedanken an diesen verschwendeten Nachmittag verschwendet.

Jede Hunderasse hat ihre Eigenheiten und der „Münsterländer" verfügt, zum Beispiel, über einen sehr hoch ausgeprägten Beschützerinstinkt. Diese Eigenschaft entwickelt sich mit den Jahren, gleichzeitig ist er ein lebhafter, gelehriger, treuer und kinderfreundlicher Geselle. Auf Grund seines Tatendrangs sollte er umfangreiche geistige Beschäftigung erhalten, denn in Verbindung mit seinem ausgeprägten Jagdtrieb kommt es immer wieder zu amüsanten oder aber auch weniger lustigen Begebenheiten. Insbesondere bei Junghunden erleben wir oft Auswüchse von leicht flegelhaftem Verhalten. Aber gerade diese Erlebnisse machen das Zusammenleben so spannend.

Pure Lebensfreude

(Bild & Text: Klarissa Klein)

Wir bekamen unseren „Anton", da war er gerade mal zwölf Wochen alt. Ein typisches Abgabekind, denn die Dame, die ihn sich anschaffte, war mit dem kleinen Kraftpaket vollkommen überfordert. Glück für uns, unendliches Pech für die Dame, die mit der Ausrede, dass sie plötzlich allergisch auf Hundehaare reagiere, einen der besten Vierbeiner ins Tierasyl schickte, den man sich vorstellen konnte.

Das erste Bild, das wir von unserem „Heini" bekamen, war eines, auf dem er einen viel zu großen Kopf auf einem viel zu kleinen Körper trug. Seine Augen sagten *„Nimm mich, du wirst es nie bereuen"* und als wenn er mit seinen knapp drei Monaten damals schon die Weisheit dieser Welt mit Löffeln gefressen hatte: Er hatte recht.

Mein Mann war bereits hundeerfahren. Ich hingegen ein absoluter Neuling und ich fürchte, ich machte alle Fehler, die man bezüglich der Hundeerziehung machen konnte. Aber das ist eine andere Geschichte.

Anton war – er ging im Frühjahr 2015 nach wundervollen 15 Jahren von uns und hat nun seinen Lieblingsplatz im Garten für sich auf immer und ewig – ein KLM. Ein Kleiner Münsterländer.

Diese Rasse war bereits fast ausgestorben und nur durch die Liebe zu dieser Rasse eines einzelnen Züchters, konnte die „Heidewachtel", wie man diese Hunde auch nennt, wieder reanimiert werden.

Die Dame, die unseren Anton, damals noch *Aiko*, vom Züchter kaufte, war ahnungslos. Ahnungslos darüber, was sie sich da ins Haus holte. Die Heidewachtel ist ein Vorsteherhund und liebt seine Aufgabe als Jagdhund. Diese Rasse bringt Arbeitstiere hervor, die im Einzelnen viel Liebe für ihre Familien zeigt, absolut loyal ist und leider in den meisten Fällen falsch gehalten wird. Der „Münsti" braucht eine Aufgabe. Sonst wird er aggressiv und geistig krank. Soweit kam es bei der Dame zum Glück nicht, denn sie brachte ihre Neuerwerbung zu einem Verein, der sich mit diesen kleinen Problemkindern auskannte, und den es heute so leider auch nicht mehr gibt.

Und dort fanden wir ihn. Unseren Anton. *Aiko?* Also bitte. Züchternamen sind so ziemlich das Letzte. Dieser Hund sah aus wie ein Anton und er benahm sich auch so. Anton war ein Prachtkerl seiner Gattung. Wobei ich da voreingenommen bin und die „braun-schimmligen" als schöner und kraftvoller empfinde, als die zarterer Variante der „braun-weißen". Eine Besonderheit unseres Hundes war die Feder an der Rute. War der Hund ansonsten dunkelbraun, trug nur an der Brust die „schimmelige" Färbung, so war die Schwanzspitze schlohweiß und wie eine Feder in sich gedreht. Wenn wir uns lustig machten, dann pflegten wir zu sagen: Hein pflügt bei jedem Wetter. (Jeder Ostfriese wird wissen, warum wir uns vor Lachen ausschütteten.) Manchmal sah man den Hund nicht, aber die Schwanzspitze leuchtete schon von Weitem. Und dieser Hund sah niemals einen Anlass, die Rute zu senken. Selbst als er alt und krank und in seinen letzten Tagen schmerzerfüllt durch die Welt ging: Die Rute stand aufrecht.

Der „Münsterländer" an sich – es gilt also für beide Varianten (dem „Großen" (von der Färbung eher schwarz-weiß) und dem „Kleinen")) ist ein sogenannter „One-Man-Dog".
Wobei die Betonung definitiv auf „man" liegt, was zwar im englischen auch Mensch bedeutet, im deutschen hingegen für „Mann" stehen kann. Diese Rasse ist so personenbezogen, wie kaum eine andere. Und während mein Mann als Herrchen akzeptiert und geachtet wurde, war ich nur die Dosenöffnerin und das Kuschelkissen.

Doch als liebendes Frauchen verzeiht man vieles. Zerbissene Kopfkissen, deren Federn durch den Raum schwirren; Bettwäsche, die zwar nicht mehr ganz neu, aber immerhin noch ansehnlich war … zumindest bevor der Hund sie erwischte; den Blick „ich mach es trotzdem", wenn Herrchen mal nicht da war.

So kam es, dass an einem besonders beschaulichen Sonntagmorgen das Telefon läutete. Ein etwas seltsamer Vorgang, denn alle unsere Bekannten und Verwandten wissen, dass der Morgen des Sonntags für uns heilig ist und wir – nach einer anstrengenden Woche –, einfach mal unsere Ruhe haben wollen. Da ich selbstständig tätig bin, mein Mann einen Beruf mit äußerst intensivem menschlichem Kontakt ausübt, verstanden die Menschen, die uns nahestehen, diesen Wunsch nach zwei oder drei Stunden absoluter Ruhe, und ließen uns in selbiger.
Da war also nun dieses Klingeln. Penetrant, ungewohnt und selbst nach mehreren bösen Blicken in Richtung Telefonhörer, einfach nicht verstummen wollend. Ich nahm das Gespräch an, skeptisch, ein wenig verhalten, und oh Wunder, es war niemand, den ich aufgrund dieser unangebrachten Störung verbal zusammenfalten konnte.

Es war der Nachbar. Der in der Doppelhaushälfte eine Reihe unter unserer wohnte. Und er lachte.

«Frau Klein», begann er, «entschuldigen Sie bitte die Störung.» Wieder lachte er und ich erwartete mittlerweile das Schlimmste.

«Waren Sie in den letzten Minuten eigentlich mal im Garten?» Mir wurde flau im Magen. Es war jetzt gerade mal Mittag und das letzte Mal, dass ich in den Garten ging, war, um Anton hinauszulassen, damit er seine Gartenzaunrunde erledigen konnte. Für unseren „Bollerkopp" gab es nämlich nichts Schöneres, als den Sonntagmorgen mit seinen Stöberrunden zu verbringen und vielleicht den einen oder anderen Spaziergänger zu verbellen. (Ein Junghund, der er zu dem Zeitpunkt nun mal war, hat zum Glück keine besonders ausgeprägten Stimmbänder, sodass sich unsere Nachbarn (selbst „Eltern" kläffender Wachhunde) niemals beschwerten. Im Gegenteil: Anton war ein Unikum und jeder liebte ihn.))

Zwischenzeitlich war ich an das Fenster im Büro meines Mannes getreten, denn von dort konnte ich den Zaun und den Garten in seiner Gesamtheit sehen. Der Anruf des Nachbarn hatte innerhalb kürzester Zeit Horrorszenarien in meinem Kopf aktiviert (manchmal ist es ein Kreuz, hauptberufliche Autorin mit einer üblen Fantasie zu sein) und ich stellte mir vor, dass sich im Garten fürchterliche Dramen abspielten. Immer noch den Hörer am Ohr, versuchte ich unseren braun-schimmeligen Wirbelwind auszumachen. Aber trotz der Tatsache, dass ich angestrengt – in die wohl falsche Richtung – hinuntersah, konnte ich ihn nicht sehen. Doch den Nachbarn an seinem Badezimmerfenster, den sehr wohl. Er winkte fröhlich, lachte und ich hörte das Lachen auch im Hörer.

«Seien Sie ihm nicht böse», sagte der Mann und mir rutschte das Herz in die Hose. Was hatte dieser verfluchte Köter jetzt schon wieder angestellt? «Aber das sieht nach purer Lebensfreude aus», fuhr der Nachbar fort. Mir wurde schwindelig vor Angst, was unser Lümmel wieder ausgeheckt haben mochte. Und das auch noch vor Zeugen. Dann, im nächsten Moment, sah ich es.

Anton hatte sich einen dieser gelben – gut gefüllten – Säcke gepackt, ihn zerfetzt und rannte nun mit den Überresten im Maul durch den Garten, schlug Haken und das Plastikdingen wirbelte ihm ums Maul. Er kam kläffend unter den Sträuchern hervor, jagte sich und seine Tüte, drehte Kreise und verteilte die letzten Stücke Müll, die sich im Sack befanden, genüsslich im Garten.

Nein: Ich konnte ihm nicht böse sein. Es war wirklich pure Lebensfreude, die er da zur Schau stellte, resultierend aus meiner eigenen Dummheit. Ich hatte den Sack am frühen Morgen an die Terrassentür gestellt, da ich ihn noch in den Carport verfrachten wollte, weil am nächsten Morgen „Abholung" war, und schlicht vergessen. Sehr zur Freude unseres dritten „Kindes", der sich das Dingen schnappte, in seine Einzelteile zerlegte und sie gewissenhaft im ganzen Garten verteilte. Voller Freude über die vielen kleinen Geschenke in diesem Sack, die nun auf dem Rasen verteilt lagen, war dieser Hund bestimmt schon seit einer Stunde damit beschäftig, sich die Überraschungen näher zu betrachten. Und weil es so viele waren, konnte er sich vor Freude überhaupt nicht mehr bändigen.

Der Nachbar lachte ein letztes Mal, winkte mir und wir beendeten das Gespräch. Seufzend ging ich hinunter, erzählte meinem Gatten davon, und wir stellten uns an die Terrassentür, sahen unserem „Baby-Mann" dabei zu, wie er Spaß hatte. Aber wie das so mit „Kindern" ist: Irgendwann verlieren sie die Lust und das Spielzeug bleibt unbeachtet liegen. Nun: Beinahe unbeachtet, denn als wir in den Garten gingen, um die Bescherung einzusammeln, wurde Anton noch mal aktiv und begutach-

141

tete jede einzelne Dose, jeden Plastikfitzel, den wir einsammelten und in einen neuen, frischen und vollkommen intakten gelben Sack steckten. PS.: Für die, die glauben, dass es unverantwortlich war, weil der Hund sich an den Dosen hätte verletzten können, oder etwas von dem Plastikzeugs in seinem Darm landen konnte. Sorry: Aber der Hund war neugierig und nicht blöd. Dieses kleine Müllabenteuer hat ihm nicht geschadet. Und ich war danach „geschult".

Jeder Hundebesitzer liebt seinen Vierbeiner über alles, aber ähnlich wie bei Kindern, er beurteilt Fähigkeiten, Leistungen und Verhalten oft falsch. Jedes Elternpaar glaubt das intelligenteste und aufmerksamste Kind großzuziehen, aber oft reicht es gerade mal zum aufrecht gehen und auch sportliche Leistungen werden oft überbewertet. Nicht anders ist es, wenn wir eine Analyse über die Leistungen, Charaktereigenschaften oder Verhaltensweisen unserer Hunde machen müssten. Am Beispiel eines Basset-Rüden erkennt man deutlich, dass einige der Eigenschaften deutlich geschönt sind und das Beurteilungsvermögen leicht getrübt ist.

Basset Hound – eine Rasse für sich

Liebenswert stur und sehr eigensinnig

(Bild & Text: Burkhard Thom)

Herkunft und Geschichtliches

Der Basset Hound soll schon in Shakespeares Sommernachtstraum beschrieben worden sein. Er soll von einer alten französischen Rasse, dem Basset d'Artois abstammen. Seine systematische Zucht begann im 19. Jahrhundert: 1866 wurde die erste Meute zusammengestellt, 1874 die erste Zucht aus Frankreich importiert und sie bekam dann in England das Merkmal des Bloodhoundkopfes. 1883 kam er nach Amerika, wo er noch bis 1916 als fremde Rasse galt. 1957 wurde der erste offiziell aner- kannte Basset-Wurf in Deutschland gezüchtet. Seitdem erfreut sich die Rasse dort wachsender Popularität. Besonders beliebt ist sie auch in Großbritannien und den USA. In den 1970ern verkam der Basset zum Modehund mit allen damit verbundenen Nachteilen. Das ist heute

Vergangenheit, mit dem Ergebnis, dass die Übertreibungen im Körperbau etwas zurückgegangen sind.

(Dieser Artikel basiert auf dem Artikel „Basset Hound" aus der freien Enzyklopädie Wikipedia und steht unter der GNU-Lizenz für freie Dokumentation. In der Wikipedia ist eine Liste der Autoren verfügbar.)

Soweit die offizielle Version/Beschreibung einer Hunderasse, die man zwar in früheren Jahren für die Jagd gezüchtet und wegen des besonders guten Geruchssinnes auch als Fährtenhund eingesetzt hat, aber ist das ein richtiger Hund?

Beschäftigen wir uns zunächst mit der Intelligenz.
In der Liste der intelligentesten Hunde stehen Rassen wie Border Collie, Pudel oder deutscher Schäferhund, unangefochten an den vordersten Plätzen. Unser liebenswerter Basset folgt auf Rang 71, gefolgt von dem noch größeren Vollpfosten Mastiff, Pekinese und (Achtung), es wird spannend, vom Bloodhound.
Letzterer, der Urvater des Bassets, hat lange Beine, ein tollen Blick und schafft im Ranking der Trotteligkeit, locker den Basset-Hound.

Erziehungsfähigkeit
Jeder (Neu-) Hundebesitzer schickt seinen Liebling in die Welpengruppe, danach in den ersten Erziehungskurs einer Hundeschule. Wir hatten das Glück einen „Erzieher" zu finden, der nach eigener Aussage bereits Polizeihunde ausgebildet hat. Sein Ruf ist gut, er gilt als streng und wir hatten ihn gewarnt. Nach den Erfahrungen mit zwei Bassets, die uns vor vielen Jahren erlaubt hatten ihr Leben zu verschönern, hatten wir einen unschätzbaren Erfahrungsvorsprung gegen „Schleifer Polizeihund".
Wie gesagt Welpenkurs und Spielen waren ok, „Sitz" ging noch, aber bereits beim „Platz" stießen Trainer und Herrchen an die genetischen Grenzen des Bassets. Warum *Platz*, wenn der kurze Abstand von Körper zu Boden, bereits in der Sitzstellung ausreicht. Zumindest aus der Sicht des Bassets.
Das Kommando „Fuß" stößt auf völlig taube, lange und hängende Ohren.

WOZU? Dies ist eine sehr häufig wiederkehrende Frage, die bei jedem Kommando dem Blick des Bassets zu entnehmen ist.

Wir einigten uns in diesem Fall auf «Du gehst vor - wir folgen». In perfektem Abstand zum Hund.

Sieht wie „Fuß" aus, beschert wenig Stress und Außenstehende empfinden dies als Erziehung. Nach dieser, für Hundetrainer schwer verständlichen Regelung, verabschiedeten wir uns aus der Hundeschule und versuchten natürliche Verhaltensweise als „Erziehung" zu deklarieren.

Wesen

Der Basset ist ein liebevolles, schmusebedürftiges aber sehr charakterstarkes (um den Begriff stur zu vermeiden) Lebewesen. In unserem Fall sind Enkelin und Hund fast gleichaltrig, in jedem Fall aber auch gleichberechtigt. Schon vom ersten Lebensjahr an entwickelte sich eine unglaublich innige Beziehung. Dieses Verhalten, insbesondere Kindern, Menschen und allen anderen Lebewesen gegenüber, ist zwar bekannt aber besonders erwähnenswert. Ähnlich wie der Beagle wurde der Basset auch als Laborhund eingesetzt. Seine extrem hohe Toleranzgrenze macht ihn zum idealen Versuchshund. Kaum zu glauben, wenn man den melancholischen Blick sieht, aus dem das Leiden der gesamten Welt spricht. Nein, das ist keine Traurigkeit, ich nenne es „sentimentale Lebensfreude". Der Basset ist inzwischen ein Familienhund, er macht zwar was er will, aber Kinder sind ihm stets willkommen. Uns ist kein Fall bekannt, dass sich ein Basset aggressiv verhalten haben soll. Tier bleibt Tier, völlig klar, aber der Basset unterscheidet sich von den meisten Hunderassen gerade in Bezug auf „Umgang mit Anderen" erheblich.

Noch einmal kurz zum „Stur sein".

Der Mensch geht vor, der Hund (andere Rassen) folgt, er will ja seinen Menschen nicht verlieren.

Der Basset geht vor, der Mensch folgt, denn er will ja seinen Basset nicht verlieren. So wird ein Schuh draus.

Auch wenn der Basset als Jagdhund bezeichnet wird, wir kennen keinen Basset, der stundenlang im Wald verschwindet, Hasen jagt oder wildert. Unser Basset speziell frühstückt beim Gassigang mit Enten und Bisamratten am Fluss, Hasen sind ihm zu schnell und das Gelände ist ihm zu uneben. Die kurzen Beinchen bleiben an Ästen hängen, sein Genitalbereich hängt ziemlich tief und ist ebenfalls beim Rennen im Weg. Außerdem ist das Essen zu Hause besser und der Jagdtrieb beschränkt sich auf Tischreste, die man mit der Taktik Vorderpfoten auf Stuhl und somit Teller auf dem Tisch erreichbar, erjagt werden. Letzteres widerspricht etwas der These der Tiefenbegabtheit.

Gesundheit

Der Basset sieht aus wie ein „tiefergelegter großer Hund", soll wenig Treppen laufen und hat einen langen Rücken. Bei seiner Höhe von max. 38cm bringt er (in unserem Fall) 35 Kilo auf die Waage. Die langen, hängenden Ohren müssen regelmäßig gereinigt werden, die tiefhängenden Augen sind manchmal gereizt. Regelmäßige Besuche beim Tierarzt sind angebracht, aber dies, insbesondere Impfungen, Wurmkur etc., gehört bei jedem Hund zur Tagesordnung. Es mag sein das der Basset als empfindlich bezeichnet wird. Richtige Ernährung, das Gewicht halten und normale Pflege, verhindern Schlimmeres. Der Basset ist inzwischen kein Modehund mehr, die Züchtungen sind (meist) sauber und Überzüchtungen sehr selten. Massenzüchtungen aus Osteuropa oder vom Flohmarkt in Belgien sollte man meiden, aber dies gilt bekanntlich nicht nur für den Basset. Sieht man das Elend der Hunde auf den belgischen Wochenmärkten, es treibt einem die Tränen der Wut in die Augen.

Deutsche Basset-Züchter sind selten, einfach mal „googlen" und vor allem Augen auf beim ersten Besuch.

Das Basset – ABC

A wie Autofahren

Der Basset liebt das Autofahren, zum Einsteigen eine Rampe verwenden, gibt es im Handel (Preis ca.100 Euro). Schützt den Basset–Rücken und den eigenen.

B wie Bewegung

In den ersten Lebensjahren bewegt sich der Basset viel und gerne, aber nicht ausdauernd. Mit zunehmendem Alter reichen kurze Ausflüge, kleine Spaziergänge. Wichtig: das Wetter muss passen. Keine Sonne, kein Regen, kein Schnee, kein Wind, kein trocknes Wetter und auch kein feuchtes, am besten gar kein Wetter!!

C wie Chloroform
Beobachtet man den Hund im Umgang mit seiner Umwelt, oft hat man den Eindruck der Hund sei betäubt. Interessiert ja, bis zum einem gewissen Maße, aber keine übertriebene Hektik.

D wie Dickkopf
Dieser Vergleich trifft den Basset am ehesten. Was der Basset nicht will, das macht er nicht. Strafe oder Erziehungsversuch sind zwecklos. DAS sollten Sie beachten, bevor Sie sich für einen Basset entscheiden.

E wie Einfallsreichtum
Insbesondere im Bereich Nahrungsbeschaffung stellt der Bassethound JEDEN anderen Hund in den Schatten.
Auf Feiern hypnotisiert der Basset den Teller mit Grillfleisch auf dem Tisch so lange, bis ein Teil herunterfällt. Stühle IMMER an den Tisch schieben, der Hund findet einen Weg AUF den Tisch zu kommen. Verbote KANN er verstehen. Ein alter Lebensmittelrest wird beim Gassigang BEWUSST übersehen, bis Herrchen vorbei ist. Dann geht's zurück. Sehenswert auch die Mühe, die er sich gibt, wenn der Rest hinter einem Zaun liegt.
Der Basset bekommt das Teil. Egal wie!

F wie Familie
Bassets sind Familienhunde. Ohne Abstriche oder Eingrenzungen. Der Basset liebt sein Umfeld, aber die Familie, auch wenn sie nicht im Haushalt lebt, ist das Größte. Sucht man nach dem wichtigsten Grund FÜR einen Basset, es ist die unbeirrbare Liebe zu seiner Familie.

G wie Gewicht
Trotz seiner Fresslust, der Basset lebt um zu fressen, richtige Einteilung der täglichen Rationen unter Berücksichtigung der Fundstücke am Wegesrand, kann das Gewicht gesteuert werden.
Der Basset sieht IMMER leicht übergewichtig aus.

Das stört ihn, den Basset, gar nicht und Herrchen nur bedingt.

H wie Hundehaltung

Der Basset zählt zu den großen Hunden. Das bedeutet: Ein Sachkunde-nachweiß ist erforderlich. Trotz seiner Trägheit, seiner Liebenswürdig-keit und seiner Gutmütigkeit ist dieser Nachweis (ab 25 KG) notwendig. Der Versuch mit den Mitarbeitern des Ordnungsamtes zu diskutieren ist hoffnungslos!

Leinenzwang in den Pflichtgebieten ist ebenfalls einzuhalten. Versteht weder der Basset, noch Herrchen, aber das Ordnungsamt spaßt nicht, zudem kann die Leine auch zum Ziehen des Bassets verwandt werden.

I wie Intellekt

Über diesen Punkt streitet die Familie. Intelligenz sieht anders aus, aber eine gewisse Art von Bauernschläue besitzt der Hund.

Da er weder einen Literatur- oder Mathematik- Nobelpreis erreichen soll, reicht das auch aus. Er bekommt was er will und regelt sein Leben (innerhalb der Gruppe/Familie).

Allein die Tatsache, dass er ohne Umschweife die Führung in der Fami-lie übernimmt, zeigt zumindest Führungsqualitäten.

J wie Jaulen (oder Bellen)

Der Basset hat einen grandiosen Resonanzkörper. Dies ist unerfreulich bei „heißen Hündinnen" in der Nachbarschaft, aber äußerst hilfreich bei der Verteidigung der eigenen Wohnung.

Versteckt hinter der Wohnungstür klingt der Basset wie ein Kampfhund in der Bernhardiner–Gewichtsklasse. Für den Fachmann bedeuten die Laute einfach nur Freude, für den möglichen Eindringling eine klare Warnung.

K wie Karneval

Der Basset lässt sich verkleiden, akzeptiert dies aber nur von Kindern und auch nur kurzzeitig. Als Dekoration in einer Fußgruppe bei Umzü-ge ist er gänzlich ungeeignet. Er ist ein Spazierenstehhund und kein Spazierengehhund. Laute Geräusche wie die „dicke Trumm" (Trommel) und Gejohle stören ihn. Auch sind ihm Betrunkene nicht geheuer und farbige Kostüme bereiten ihm Angst.

L wie Liebe

Der Basset ist die liebevollste Hunderasse der Welt. Er kann nicht böse sein (außer man nimmt ihm seine Beute), kuschelt gerne und liebt bedingungslos.

M wie Mode

Nein, der Basset ist kein Modehund.

Man liebt sein faltiges und knautschiges Gesicht, oder man hasst es. Modehunde sind heute Labradore, Golden Retriever und Jack Russel, sicherlich ebenfalls liebenswerte Geschöpfe, aber der Basset ist einzig (aber nicht artig).

Sein Wesen, seine Sturheit und seine Proportionen muss man mögen, oder eine andere Rasse wählen. Vorsicht: Einmal Basset, immer Basset. Der Basset macht süchtig!

N wie Natur

Er liebt die Natur. Er kann stundenlang im Gras liegen, nichts tun (und nichts denken), aber er bekommt alles mit. Seine wachen Augen beobachten die Vögelchen, sein Umfeld und er wacht über das Wachsen des Grases. In dieser Beziehung hat er auch eine große Ausdauer.

O wie Offenheit

Bassets sind offen für alles Neue. Sie sind neugierig, interessieren sich für alles und wollen überall dabei sein. Nach kurzer Zeit erlahmt sein Interesse und er kehrt zurück in seine Basset Welt.

P wie Persönlichkeit

Kein Hund wie er ist so extrovertiert. Er will im Mittelpunkt stehen, beachtet werden und sorgt für Aufmerksamkeit. Introvertierte Menschen sollten die Rasse meiden.

Der Basset ist immer im Mittelpunkt. Besuche in Einkaufszonen enden immer mit Menschenaufläufen und Streichelorgien. Sind Chinesen in der Nähe – Vorsicht –Foto – Orgien!

Q wie Querdenker

Ich behaupte: Der Basset denkt nicht, er reagiert auf Einflüsse von außen. Er macht grundsätzlich alles anders als gedacht oder gewünscht. Dabei bestimmt er immer was gemacht wird. Wohldurchdacht eben.

R wie Rar

Es gibt in Deutschland kaum noch Züchtungen und man muss sich Mühe geben um eine gute Zucht zu finden. Besucht man einen Züchter, das laute Basset-typische Bellen macht den Eintritt einmalig. (Bei Interesse gebe ich gerne Adressen weiter)

S wie Sympathie

Wenn andere Hunde zunächst laut und fordernd auf andere Hunde zugehen, der Basset reagiert verhalten. Auf sichere Entfernung ran, Schwanzwedeln, dann warten. Erstes Anzeichen von Aggressivität beim Gegenüber, nichts wie weg. Ein sympathischer kleiner Feigling!

T wie treu

Herrchen ist berufstätig und Frauchen kümmert sich den Tag über um den Liebling. Abend das gleiche Zeremoniell: Unermessliche Freude bei der Heimkehr des Herrchens und tiefe und grenzenlose Trauer, wenn eine Dienstreise am Abend nicht beendet wurde. Ist Herrchen nicht da, dann leidet der Hund.

U wie unabhängig

Weiß der Hund seine Familie in der Nähe, wird er unabhängig. Er benötigt sonst nichts und macht was er will. Er weiß: Sie achten auf mich und wenn SIE etwas wollen, können sie sich melden.

V wie Verdauung

Der gut gesättigte Basset kann machen „das die Luft riecht" und zwar sehr stark! Kein Wunder, großer Körper, großer Pups! Warum hier erwähnt? Besuchen Sie mit Basset ein Restaurant und dann passiert das Ungewollte. Fremdschämen, denn auf den kleinen Hund kommt der Wirt zuletzt! Aber kann auch Schnee gelb färben und viele andere lustige Sachen.

W wie Wärme

Es gibt wohl kaum einen Hund, der die Wärme liebt, wie der Basset. Nicht am Stück über einen längeren Zeitraum, aber immer wieder für 10 Minuten. Balkon und pralle Sonne, dann kalte Fliesen. Immer im Wechsel. Ein Sonnenanbeter, der die Sonne liebt, dazu möglichst wenig Bewegung

X wie x-fach

Begreift der Pudel bestimmte Befehle gleich beim ersten oder zweiten Mal, der Basset benötigt die x-fache Zeit. Der Hund diskutiert gerne und benötigt vielfache Erklärungen. Der Leser wird diese These nicht verstehen, es sei denn, er kennt einen Basset-Besitzer.

Diskussionen mit dem Basset sind unnötig, er wird sich fast immer durchsetzen und wenn nicht, dann wollte er es von Beginn an nicht anders.

Y wie Yorkshire Terrier

Diese kleinen „Teppichratten" scheinen sich auf dieser Welt gegen den Basset verschworen zu haben. Ihr schrilles Gebell und das folgt immer, wenn sich diese Tiere treffen, zermürben die Geduld des Bassets. Er mag sie einfach nicht, er lässt sie stehen und geht. Einmal mehr ein Nachweis für den guten Charakter des Bassets.

Z wie zuletzt

Egal, ob Basset oder andere Rasse. Hunde innerhalb einer Familie sind wichtig. Das soziale Verhalten der Kinder entwickelt sich mit Hund besser und verantwortungsvoller, als ohne Hund. Keine Angst vor Krankheiten und Schmutz. Die Hunde werden geimpft, vollziehen Wurmkuren, werden gereinigt und gebürstet. Der Basset dient als Seelentröster, als Kamerad und als Spielzeug. Er liebt die kleinen Schreihälse bis zur Selbstaufgabe und ist ein wesentlicher Bestandteil der Familie!!

Die Schönheit liegt immer im Auge des Betrachters, eine Weisheit, die auf viele Rassehunde zutrifft. Wie bereits bei den charakterlichen Eigenschaften, beim Intellekt unserer Hunde und bei den Fähigkeiten, die wir ihnen zuschreiben, ist es beim Aussehen nicht anders. Ob beim Shar Pei (Chinesischer Faltenhund), beim Afghanischen Windhund mit seinem langen Fell oder beim Bernhardiner mit seiner Sabberschnauze, jeder findet seinen Hund toll. Anders dagegen das Umfeld, hier kommt es auch zu Äußerungen, die Herrchen (und Hund) in dieser Form so nicht unbedingt hören wollen.

Mein gequälter Rassehund und sein komisches Frauchen

(Bild & Text: Katrin Kränzler)

Wir gehen viel wandern und sind auch sonst viel mit unseren Hunden unterwegs. Unsere Hunde sind ein Mini Beagle und ein Chinese crested, jawohl richtig gelesen, ein chinesischer Schopfhund, Anni genannt, ok; eigentlich Annayake, aber das ruft ja kein Mensch hinter seinem Hund her. Auf jeden Fall, wenn man einen solchen Nacktfrosch hat, ist man schon gleich unten durch.

Als sie frisch zu unserer Familie stieß, waren ihre Ohren getaped. Das wird von einigen Züchtern so gemacht, damit sie Stehohren bekommen. Na ja, uns kam eine junge Dame entgegen, die schrie schon hysterisch über die Straße: «Oh wie süüüüüß», und kam auf uns zu gerannt. Anni war in Schockstarre, weil die Frau nicht abbremste, klebte ihren Bauch auf die Erde und zeigte eindeutig, dass sie Angst hatte. Doch die hysterisch angehauchte Stimme quietschte schon wieder in unseren Ohren: «Hat die Zöpfe?» Zöpfe? Ach du Schreck, wo denn? Ich untersuchte Anni ganz genau, nein Zöpfe entdeckte ich nirgends. «Na da am Kopf!» Ach das, das sind ihre Ohren, Erleichterung machte sich bei mir breit.

«Oh schade, ich dachte, das sind Zöpfe!» Ja klar, ich sitze jeden Abend zu Hause und flechte ihre Ohren zu Zöpfen … genau.

Die Nacktheit ist es auch, was viele Leute stört. So einmal an einer Kasse eines Zoofachgeschäftes: Hinter mir und Anni an der Kasse stand ein junger Mann und dahinter eine junge Frau mit ihrer Mutter. Plötzlich entdeckt die Jüngere Anni und sagte zu ihrer Mutter: «Sieh mal und das ist eine Qualzucht!» Sie sagte es nicht zu laut, aber genau so laut, dass ich es hören musste. Ich drehte mich langsam um, sah ihr direkt in die Augen und sagte: «Definiere Qualzucht?!» Es kam keine Antwort und ich wiederholte mein Anliegen. Die Mutter sah peinlich berührt zu Boden und die Tochter stotterte sowas wie: «Die hat ja kein Fell!» Sie war jedenfalls nicht taub. Ich war tief beeindruckt, dass sie das so schnell erkannt hatte. Ich bat sie dann höflichst, den Gesetzestext doch nochmal genau zu lesen, damit sie schlagende Argumente hätte beim nächsten Mal. Der junge Mann, der direkt hinter mir stand, konnte sich ein Grinsen nicht verkneifen.

«Die friert ja», ist so ziemlich das meist Gehörte der letzten sechs Jahre. Manchmal ist es auch nett umschrieben: «Die bekommt doch im Winter was an, oder?» Ich bin ja immer sehr bereitwillig mit Erklärungen. Natürlich bekommt sie im Winter etwas angezogen. Wir haben dünne Shirts, Pullis und auch dicke komplette Anzüge mit Beinen. Wind mag sie gar nicht und der Sommer ist ihre Jahreszeit. Dann kommt gleich die nächste Frage: «Musst du sie im Sommer eincremen?» Nein, muss ich nicht. Sie hat eine dunkle Hautfarbe und die wird durch die Sonne noch dunkler. Helle Haut müsste man mit einem Sonnenschutz eincremen! Von ganz Ausgefuchsten bekomme ich gesagt, diese Hunde gehören nicht in unsere Klimaregion! Wenn ich sie dann frage, wann sie das letzte Mal einen Husky gesehen haben, und ob diese Hunde in unsere Klimaregion gehören, kommt natürlich ein: «Nein, die gehören hier auch nicht hin!» Wenn ich in richtig guter Fragelaune bin, stelle ich die Gegenfrage, welche Hunderasse hier denn hingehört. Ganz ehrlich, konnte mir bisher noch niemand beantworten. Woran das wohl liegt?

Dass wir viel wandern, sagte ich ja bereits. Es kommt schon mal vor, dass wir 20 Kilometer am Tag laufen und wenn wir das anderen Wanderern erzählen, kommt die Frage, ob wir sie dann tragen. Hä? Wen tragen? «Na den Hund!» «Wieso?» «Weil der doch so klein ist und 20

Kilometer viel sind!» Wieder ein Nein! Wir tragen sie nicht, sie ist und bleibt ein Hund und wenn so kleine Hunde im Training sind, dann können sie das ohne Probleme und mit viel Spaß meistern. Mein Hund ist kein Couch-Potato!

Meine Königsdisziplin aber ist: «Wieso schafft man sich so einen Hund an?» Ja, wieso eigentlich? Diese Frage habe ich mir selbst auch schon gestellt. Und oft habe ich schon gehört, man sucht sich keinen Hund nach dem Aussehen aus. Doch macht man. Wenn ich mich für eine bestimmte Rasse entscheide, spielt das Aussehen eine wichtige Rolle. Ich zum Beispiel habe die Nackten für mich entdeckt, weil ich Fotos von ihnen gesehen habe. Erst daraufhin habe ich mich über diese Rasse schlau gemacht. Es gibt viele Menschen, die solche nackten Hunde ablehnen, deshalb hat sie auch ein T-Shirt mit dem Aufdruck: Meine Mama ist hübscher als deine!

Meine kleine Annayake ist ein Hund, der anderen in nichts nachsteht, ob angezogen oder nackig. Sie macht Hundesport, geht durch den Wald stromern und fasst sich einzigartig an. Ich werde auf keinen Fall meinen Hund an ein Katzenklo gewöhnen, damit sie nicht draußen friert und auch nicht ihre Ohren einflechten, damit sie „süüüüüße" Zöpfe hat. Mal sehen, was uns in den nächsten Jahren noch so für Fragen gestellt werden.

Sie haben sich einen Hund ins Haus geholt? Wahrscheinlich ist es der putzigste und schönste Hund der ganzen Welt. Mit großer Wahrscheinlichkeit ist es auch das niedlichste und intelligenteste Wesen im gesamten Universum, aber in einem Punkt müssen sie sich sicher werden, er ist (noch) nicht erzogen. Ähnlich wie bei kleinen Kindern müssen Grenzen aufgezeigt werden, Regeln erstellt werden und die Einhaltung sollte kontrolliert werden. Hundeerziehung als Kurzgeschichte, geht das ohne langweilig zu werden und ohne den bewussten erhobenen Zeigefinger? Wie wichtig Regularien für das Zusammenleben von Mensch und Hund sind und wie man vorgehen kann zeigt das Beispiel aus einer „speziellen" Hundegruppe.

Mantrailing oder wie mein Hund lernt, auf fremde Menschen zuzugehen

(Bild & Text: Antonietta Matteo)

Paolo ist ein Hund, der auf Menschen ängstlich reagiert. Anfangs war er vor jedem auf der Flucht, der uns begegnet ist. Mit der Zeit haben wir gelernt, einfach so weit wie möglich auszuweichen.
Das macht unsere Spaziergänge aber auch nicht gerade einfacher.
Auf manche Hunde geht er durchaus freudig zu, doch wehe, der Mensch dahinter nähert sich, dann ist Paolo ganz schnell wieder im Fluchtmodus. Das muss man sich so vorstellen: ein freilaufender Hund kommt zu uns her, die beiden beschnuppern sich, wollen vielleicht sogar miteinander spielen. Doch dann nähert sich der dazugehörige Mensch und mein Hund tritt den Rückzug an. Nun will dieser Mensch seinen Hund wieder einfangen, da er unter Umständen schon auf dem Nachhauseweg ist.
Hunde wuseln umeinander herum, Mensch will sich seinen Hund greifen, Paolo wickelt mir die Schleppleine um die Beine bei seinem Versuch, diesem Menschen auszuweichen. Blöd.
Für ihn, weil er ja eigentlich gut auf den anderen Hund reagiert und diesem durchaus freundlich gesinnt war und nun im Fluchtmodus

einfach nur noch weglaufen möchte und für mich, denn wenn es ganz blöd kommt, flieg ich hin, dabei möchte ich ihn ja auch schnellstmöglich aus eben dieser Situation befreien.

Also was machen wir? Wir versuchen, Gassizeiten zu finden, an denen kaum andere Leute unterwegs sind. Weichen so gut wie möglich allen Begegnungen aus, wenn uns doch jemand entgegenkommt. Und am Wochenende?

Da ist der Wald voller Menschen, die spazieren gehen, Rad fahren, joggen und mein Hund flüchtet von einer Ecke in die andere.

Also auch da ist normales spazieren gehen nur möglich, wenn wir irgendwohin fahren, wo sonst keiner bis kaum einer ist.

Für alle Beteiligten eine alles andere als einfache Situation. Sicherlich gibt es auch schon Momente, in denen alles ganz entspannt ablaufen kann.

Dann nämlich, wenn wir die Menschen und ihre Hunde schon etwas besser kennen, Paolo also verinnerlicht hat, dass von denen keine Gefahr kommt. Also überlegt man und informiert sich und stolpert über verschiedene Bücher und Artikel, die sich mit dem Thema „Angsthund" beschäftigen.

Der Begriff *Mantrailing* taucht zum ersten Mal in diesem Zusammenhang auf. Wir beginnen uns auch hier zu informieren und einzulesen.

Und haben das Glück, dass eine Hundetrainerin in unserer Nähe das anbietet So haben wir vor einiger Zeit mit dem Mantrailing begonnen.

Unsere Trainerin kommt aus dem Rettungshundebereich und kennt sich auch mit Methoden des sogenannten „Theratrailings" aus. Sie arbeitet viel mit verhaltensoriginellen Hunden. So passen wir da ganz gut dazu.

Was kann man sich darunter vorstellen? Zuerst einmal gilt es festzustellen, ob der Hund überhaupt auf das „Suchen" anspringt. Also, ob er bereit ist, mit der Nase am Boden einer Spur zu folgen.

Das findet man in sogenannten Motivationstrails heraus. Da Paolo so seine Probleme mit Fremden hat, muss mein Mann herhalten. Er soll Paolo animieren, ihm zu folgen und lässt auf halber Strecke etwas fallen, das nach ihm (also nach meinem Mann) riecht.

Ein Handschuh in diesem Fall. Dann läuft mein Mann um die Ecke und „versteckt" sich. Paolo ist hibbelig, denn natürlich möchte er dem Herrchen hinterherlaufen. Doch erst einmal bremse ich ihn noch etwas ein, dann darf er losschnüffeln.

Er folgt dem Herrchen auf direktem Wege, schnuppert kurz am Handschuh und dann geht's weiter. Um die Ecke wartet das Herrchen und Paolo holt sich die Belohnung ab. Man sieht ihm an, dass es ihm erstens Spaß macht und er zweitens gut mitarbeitet.

Das wiederholen wir noch zwei Mal und dann braucht Paolo erst mal Ruhe, um über das alles „nachzudenken", das Erlebte muss sich erst setzen. Dann darf er noch einmal seinem Herrchen folgen. Dass er anfangs nicht immer die Nase unten hat, um der Spur zu folgen, sondern noch viel auf Sicht arbeitet, ist ganz normal.

Unsere Trainerin hat gesehen, dass er gut mitmacht und sichtlich Spaß an dieser Arbeit hat. So beschließen wir, weiterzumachen.

Wir haben das Glück, an einem Mantrailing-Wochenende in Südtirol teilnehmen zu dürfen. Dort treffen wir auch andere Mensch-Hund-Teams, die schon länger mit dabei sind und erleben deren Suchen mit.

Einer der Hunde ist in seinem wirklichen Leben tatsächlich auch ein Rettungshund. Wir lernen, wie man einen Trail legt, wie wir als „Opfer" zu agieren haben, wenn ein Hund uns findet.

Und wir lernen, wie man unserem Hund noch beibringen kann, dass fremde Menschen nicht immer nur gruslig für ihn sind.

Und hier setzen die Methoden des Theratrailings an. Hierzu gehört z.B. auch der Futterkreis. Das sieht dann so aus:

Paolo und ich stehen in der Mitte. Ein Teil unserer Mitstreiter/Innen steht im Kreis um uns herum. Auch mein Mann stellt sich in den Kreis, damit Paolo wenigstens einen bekannten Anlaufpunkt hat. Jetzt macht sich eine Person klein, dreht sich etwas seitlich und streckt ihm auf der offenen Hand ein Leckerli hin. Ich animiere meinen Hund, dorthin zu gehen und sich seine Belohnung zu holen. Anfangs zögerlich geht er auf diese Person zu, streckt sich lang und nimmt tatsächlich das Futterstück aus der „fremden" Hand. Danach gehen wir wieder zurück in die Mitte, die Person richtet sich langsam wieder auf und das Spiel setzt sich reihum fort. Will er gar nicht zu jemandem hin, da dieser Mensch ihm vielleicht noch zu unheimlich ist, muss er das nicht. Dann ist wieder Pause. Denn für meinen Hund ist das sehr anstrengend.

Zwischendurch gibt es wieder Motivationstrails für Paolo. Erst noch hinter meinem Mann oder mir her, doch dann wagen wir es, er soll Brigitte, unserer Trainerin folgen.

Denn wir wollen ja erreichen, dass er es irgendwann schafft, fremden Personen zu folgen. Und es funktioniert. Ein erster Erfolg ist in Sicht. In den nächsten zwei Tagen läuft es für unseren Hund immer gleich.

Ein bis zweimal Futterkreis und Motivationstrails mit Brigitte. Für dieses eine Wochenende haben wir schon viel erreicht.

Wieder zurück in Deutschland begrüßt er Brigitte, als wir uns das nächste Mal zum Mantrailing treffen.

Und er begrüßt auch zwei weitere Teilnehmerinnen, die in Südtirol mit dabei waren. Renata kann sogar schon mit ihm Motivationstrails machen, er folgt ihr ohne Probleme und nimmt seine Belohnung, ohne ein einziges Mal zu zögern, von ihr entgegen.

Seine erste „richtige" Personensuche findet ungefähr zwei Wochen später im Wald statt.

Hier greifen wir noch einmal auf meinen Mann zurück. Diesmal sieht Paolo nicht, wo er hingeht und sich versteckt.

Er muss seine Nase einsetzen und folgt der Spur, ohne sich großartig von Wildgerüchen und sonstigem ablenken zu lassen. Und wieder kann mein Hund einen Erfolg für sich verbuchen. Und diesen Erfolg kann er dann noch toppen, als er vor ein paar Wochen das erste Mal eine fremde Person sucht.

Er kennt sie nicht, hat sie nur einmal kurz aus dem Auto heraus gesehen und gleich feste angebellt, auf dass sie ihm ja nicht zu nahekommen möge. Ich bin schon sehr gespannt, wie es verlaufen wird.

Unsicher, ob er überhaupt zu ihr hingehen wird. Doch mein Hund überrascht mich.

Zwar nutzt er seine volle Länge aus, um ihr ja nicht auch nur einen Millimeter zu nahe zu kommen, aber er weiß, sie hat seine Belohnung und die holt er sich.

Die zweite Suche (nach derselben Person) ist dann der volle Erfolg: Er weicht nicht vor ihr zurück, geht sogar ganz nah hin und holt sich seine Belohnung ab. Ich bin stolz auf diesen Hund.

Er hat ein gutes Stück Weg zurückgelegt und es wird immer besser.

Heute gehen wir wesentlich entspannter spazieren. Die Bögen um andere Menschen werden kleiner, Jogger und Radfahrer sind nur noch unheimlich, wenn sie aus dem scheinbaren Nichts auftauchen. Noch ist es nicht soweit, dass er bedingungslos auf fremde Menschen zugeht, aber er weicht auch nicht mehr so stark zurück. Wirkt selbstsicherer in seinen Bewegungen. Wir sind auf einem guten Weg, den wir weiterhin miteinander gehen werden. Egal, wie lang oder steinig dieser Weg sein mag.

Kurzgeschichten müssen nicht immer kurz sein Sie eigenen sich dazu verschiedene Charaktere auszuprobieren, sind überschaubar und der Leser erfährt schnell wie die Geschichte ausgeht. Leichte Kost für Zwischendurch und die Erstellung solcher Geschichten kann auch „so nebenbei" erfolgen. Wichtige Informationen und Erlebnisse gehen auf diese Weise nicht verloren und belieben der Nachwelt erhalten. Dabei ist ein interessanter Einstieg wichtig, sonst blättert der geneigte Leser gleich weiter.

Der Kamin und das Sofa & Der Skandal

(Bild & Text: Paul Neuenhofer)

Der Kamin und das Sofa.

Es ist Dezember, die Tage sind kurz, manches Mal grau und oder so wie Heute bitter kalt aber mit einem sonnigen, klaren Himmel. Also ein wunderschöner Tag zum Laufen und toben in der freien Natur. War wieder anstrengend, die beiden wollen immer ihren Dickkopf durchsetzen. Erst wollen sie dahin, dann hierhin und am Ende laufen sie doch dahin, wo ich es will, und das ist anstrengend sage ich euch, aber ihr Fellnasen kennt das ja, wird bei euch nicht anders sein. Jedenfalls landen wir wieder an unserer Spiel- und Tobewiese. Hier kann ich rennen wie ich will. Nach einer guten Stunde, gefühlten fünf Minuten, machen wir uns auf den Weg nach Hause. Ulrike spricht schon unterwegs davon den Kamin anzufeuern. Gefällt „Mir" gar nicht!!! Was soll ich machen, mein liebster Platz ist in der Kaminecke, aber da kann ich dann nicht liegen. Meinen beiden ist es kalt und kaum sind wir Zuhause angekommen, schon wird dieser blöde Kamin mit Holz vollgestopft und angezündet. Ein Höllenfeuer in diesem Kamin und heiß sage ich euch, da kann man nicht liegen man verbrennt sich den Pelz. Es ist so ein Quatsch, ich habe doch ein dickes Fell wozu brauche ich noch einen Kamin? Nehmen keine Rücksicht auf mich. Die beiden können sich doch auch dick anziehen, aber nein, laufen mit ihren dünnen Klamotten durch die Gegend und frieren. Der Paul hat zwar keine Haare mehr auf dem Kopf, aber welche im Gesicht und die Ulrike hat doch lange Haare, muss ja wohl reichen, wenn nicht müssen sie eben ihren Pelz länger wachsen lassen! Oder was meint ihr, meine Fellnasenfreunde? Jetzt wird es wieder mächtig warm in der Bude. So!! Jetzt habe ich mir einen neuen Platz gesucht: «DAS SOFA!» Ab jetzt mein Sofa. Ulrike meint ja es sei ihres, da hat sie aber falsch gedacht. Der Paul hat einen großen Sessel für sich, aber für mich viel zu klein. Da kann ich mich nur setzen, liegen und strecken geht überhaupt nicht. Also springe ich aufs Sofa. Gemütlich sage ich euch! Jetzt mache ich mich schön breit und liege ganz bequem! Was soll ich sagen, kaum liege ich so schön, kommt die Ulrike angelaufen und ruft: «Runter da"!!» Meint sie mich, neeiiinn mich nicht! Da ich natürlich nicht reagiere, legt sie sich auch aufs Sofa und versucht sich etwas Platz zu schaffen. Mit ihren Füßen versucht sie mich in die Ecke zu schieben und weil ich mich nicht bewege, sagt sie so was wie, was für ein sturer Bock, darauf der Paul, ach lass den armen Jung doch. Ich mag meinen Paul! Jaa, die Ulrike auch ja, jetzt liege ich jedenfalls mal wieder auf „MEINEM" Sofa. Was kann ich dafür das der Kamin angefeuert wurde und dass die beiden nur ein Sofa haben. Ist doch so, oder?

Der Skandal

Jetzt muss ich euch auch noch von einem RIESEN SKANDAL berichten. Es fängt damit an, dass mein Tütenträger Paul immer bequemer wird! Vor kurzem kam ein Paket zu uns und in diesem Paket war etwas für mich! Vielleicht: Pausenbrot, Rinderlunge, Spielzeug, oder, oder, oder, dachte ich jedenfalls bis zu diesem Zeitpunkt. So und jetzt fängt der Skandal an! Es war ein Rucksack. Für mich? Ja, für mich! JA, ein RUCKSACK! Ich dachte noch so! «Was soll ich mit einem Rucksack?» Ja, meine lieben Fellnasenfreunde und schon hatte mein Tütenträger Paul mir diesen Rucksack angelegt. Es wurde noch viel schlimmer. Meine Leckerchen, meine Wasserflasche, meine Gassibeutel und sogar eine Wasserflasche für meinen Tütenträger, wurden in den Rucksack gepackt. ICH, JA, ICH „DER AARON" soll nun die ganzen Sachen schleppen.

Nicht mal gefragt hat er mich! Einfach so wurde über meinen Kopf hin entschieden. Ich sage nur: «EIN SKANDAL.»

Sonst haben meine Tütenträger die Sachen getragen und ich konnte unbeschwert und ohne Last spielen und toben. Jetzt trage ich eine Riesenlast, sind bestimmt 1-2 kg, auf meiner Schulter. Hoffentlich sehen meine Fellnasenfreunde mich nicht. Was sollen die nur sagen, wenn sie mich mit diesem Rucksack sehen. Die lachen dann über mich und sagen: «Ja, ja wer trägt den da sein Zeug selber? Ha, ha, Aaron der stolze Bouvier.»

Also muss ich auch noch so tun als würde ich damit meinem Tütenträger eine RIESENLAST abnehmen und mit stolzer Brust den Rucksack tragen.

Denn so ein Rucksack ist ja wohl keine Last für mich.

Dennoch!! Es ist und bleibt in meinen Augen „EIN SKANDAL"!!

Aber nicht weitererzählen!

Wie immer niedergeschrieben von meinem Schreiberling: Paul, ich begebe mich zur Ruhe!

Schon Heinz Erhard verfasste ein Gedicht über Zähne: „Die alten Zähne wurden schlecht und man begann sie auszureißen, die neuen kamen gerade recht, um damit ins Gras zu beißen". Nicht ganz so heftig traf es die Protagonistin der nächsten kleinen Geschichte.

Beißen

(Bild & Text: Donata Godlewska)

Wieder und immer wieder sehe ich sie mir an... sie ist tatsächlich aus der Narkose erwacht.

Punkt zwölf Uhr bin ich wie verabredet in die Tierarzt-Praxis gestürmt um mein Schätzchen abzuholen, zuvor musste ich aufs stille Örtchen. Da hörte ich ihr forderndes Stimmchen. Bienchen war wach und ich war glücklich.

In Windeseile hab' ich die kleine Patientin auf das Fahrrad gehoben, 20 Minuten später lag sie auf meiner Couch, benommen, der Kiefer tut ihr weh, aber die faulen Zähne schmerzen nun nicht mehr. Die halte ich jetzt in einer kleinen Plastiktüte beerdigt in der Hand, ihre letzten vier Zähne, mein Gott wie faul die sind, sie stinken sogar durch die Plastiktüte hindurch.

Alle zwei Jahre mussten bei meiner süßen Wölfin faule Zähne gezogen werden, obwohl ich vom Zähneputzen angefangen bis hin zum teuersten Zahnsteinverhinderungs-Stick für Hunde „alles getan habe" um ihre Beißerchen zu erhalten.

Die Zähnchen waren wichtig für ihr Motto: man muss immer beißen, beißen, beißen!!! Diese Zähne waren groß für das winzige Mäulchen; im Verhältnis dazu hätte jeder Schäferhund ein Doggengebiss gehabt. Doch sie konnten Knochen zerkauen, die so groß wie Bienchen selber waren, riesige Fladen von Pansen zerreißen und jeden großmäuligen Hund in die Flucht geschlagen.

Diese Zähnchen haben jeden Eindringling, der versuchte „lange Finger" zu haben, in der Wohnung abgewehrt, so dass er uns freiwillig seine gesamte Beute überließ. Diese Zähnchen haben vermeintliche „Freunde" entlarvt und so lange am Hosenbein zur Haustür gezerrt bis sie uns nicht mehr besuchten.

Sie haben jeden der Bienchen als „eine Fußhupe" geärgert hat, gezeigt, dass sie nicht nur hupen kann.

Lang lang ist es her – fast 17 Jahre lang.

Jetzt hat sie kein einziges Zähnchen mehr … doch

Bienchen ist wieder aufgewacht, ist frech wie eh und je zeigt mir ihr zahnloses Mäulchen und wie man auch ohne jeden Zahn, beißen – beißen – beißen kann!

Der Dackel ist stur, der Pudel superintelligent, der Australian Sheperd klug und Jack Russel ein Kämpfer.

Es gibt zahllose meist rassespezifische Eigenheiten, durch die sich unsere Hunde voneinander gravierend unterscheiden. Starrköpfigkeit, Geduld, Spieltrieb, Jagdinstinkt und Lethargie sind nur einige Beispiele. Ähnlich wie beim Menschen reden wir über Individuen, die sich selbst innerhalb einer Rasse stark voneinander unterscheiden.

Es gibt aber einen Bereich unseres Lebens in dem sich unsere Freunde fast gleich verhalten. Ich rede vom Regenwetter.

Lassen wir den „echten Wasserhund" mal außen vor, so sind die Fellnasen in Bezug auf schlechte Launen von Petrus „alle gleich gestrickt".

Manche von ihnen entwickeln Taktiken um dem Weg in die Nässe zu entgehen wie die folgende kleine Anleitung zeigt.

Anleitung zur Vermeidung des Gassi-Gehens bei Regen

(Bild & Text: Jasmin Sachse)

Der natürliche Feind des Dackels ist das Regenwetter. Es widerspricht den Hauptanliegen eines jeden Teckels, auf dem Sofa liegen, kuscheln und schlafen, bei solch einem nassen, unbequemen Wetter seinen Dackelhintern nach draußen zu begeben. Es ist vollkommen unnatürlich, dass ein Dackel durch den Regen laufen soll. Aber natürlich gibt es da noch den Menschling, der glaubt, er wisse alles über unseren Verdauungstrakt. So kommt es, dass der verrückte Zweibeiner von uns ein Häufchen fordert, selbst wenn die Sintflut vom Himmel niederstürzt. Als kluger Hund gibt es einige Möglichkeiten, dem Menschling sein Regengassi madig zu machen:

Der bud'sche Phantomschiss

Diesen Trick habe ich bereits als kleiner Welpe entwickelt. Vorzugsweise führt man diese Finte im Dunkeln aus und tut nur so als ob. Der Menschling glaubt dann, man hätte brav gemacht und man kann wieder rein. Eigentlich. Denn leider nimmt meine Mama jedes Häufchen mit und hortet diese in großen Tonnen. Also sucht sie dann mit der Taschenlampe nach dem Dackelgold und man hat am Ende nicht viel damit erreicht, nass wird man ja trotzdem.

Die klassische Lucy

Lucy muss im Regen immer ihre Regenjacke tragen, denn sonst macht sie die *klassische Lucy*. Dabei legt sie sich an Ort und Stelle hin. Dies erfordert natürlich Überwindung, ist aber sehr wirkungsvoll. Man muss nur sehr stark bleiben, denn der Zweibeiner versucht nun zunächst, den Dackel mittels Befehlen und Keksen zu sich zu holen. Man darf aber nicht schwach werden und sollte sich fest an den Boden drücken. Wenn der Menschling denkt, er könnte einfach weitergehen, dann bloß niemals aufstehen, sondern sich mitschleifen lassen, denn aus Angst um den zarten Hals, lässt er das schnell bleiben. Anklagende Blicke und weinen hilft ebenfalls, vor allem im Beisein fremder Menschlinge, die den hauseigenen Menschling mit einem du-Tierquäler-Blick bestrafen.

Die traurige Regenjacke ...

ist die Fortsetzung der *klassischen Lucy*. An sich wird alles weitergeführt wie oben, außer, dass der Regen nun eigentlich nur noch an den Beinen, dem Schwanz und dem Kopf spürbar ist. Trotzdem sollte man immer versuchen sich hinzulegen, es schadet nie, dem Menschling ein schlechtes Gewissen zu machen. Wichtig ist es, sehr viel Weltschmerz und Ungläubigkeit über das, was einem widerfährt, in diesen Blick zu legen.

Der unauffällige Richtungswechsler

Hat man den Menschling erstmal geistig zermürbt, ist die halbe Arbeit schon getan. Der Menschling stellt seine fiesen Gassiabsichten in Frage und bemitleidet den kleinen tieftraurigen Hund. Jetzt muss man natürlich doch ganz plötzlich zum Grasstreifen / Wegesrand /

Straßenschild und macht einen auf *Achtung, Aaachtung, Dackel muss mal!*
Jedoch ... kommt es natürlich nicht dazu. Man schnüffelt in Richtung
Heimat los und macht dem Zweibeiner klar, dass das Sofa das erklärte
Ziel ist.

Der Anhalter

Ja, genau, das wird die Anekdote über meinen Treppenhaushaufen! (Es
hat geregnet. Ich hab's mir verkniffen. Kaum drinnen im trockenen Flur
habe ich gemacht, schön vor der Nase der Nachbarin. Mama war sauer
und ich hatte glücklich im Trockenen gekackt.) Wenn man es vermeiden
kann, sollte man niemals im Nassen seinen Haufen machen, denn das
macht ja gar keinen Spaß. Lieber sollte man sich bis in die trockene
Wohnung schleppen und dann dort dem Schicksal seinen Lauf lassen.
So gewöhnt man dem Menschling den Irrglauben ab, man müsse immer
nur draußen sein Geschäftchen machen. Nachteil: Gibt Ärger.

Der Schlammschwimmer

Man sollte ganz dringend versuchen, sich möglichst mit viel Matsch zu
bedecken. Nicht nur, dass so die Haut ganz zart wird, man kann dem
Menschling dann brand- bzw. schlammmarken. Beliebt sind die
Hosenbeine oder, wenn man rankommt, die Jacke.
Auch kleine Pfotenabdrücke auf Schuhen sind eine prima Idee. Trifft
man Freunde und Bekannte seines Menschlings, sollte man ebenfalls
nicht geizig sein mit den Matschpfoten. Am besten rennt man auch
damit zielsicher über Möbel wie Bett und Sofa. Vorteil: Die Menschlinge
mögen es *erstaunlicherweise* nicht, selbst nass und dreckig zu werden und
wollen dann heim. Nachteil: Klappt nur die ersten Male, danach wird
man eiskalt ins Platz geschickt, wenn ein anderer Menschling
vorbeischlendert, es werden einem noch vor der Tür die Pfoten
gesäubert und wenn man ganz großes Pech hat, wird man sogar
gebadet!

Der Regenschatten

Gibt es keine andere Möglichkeit, das Gassi zu beenden, sollte man sich
doch dazu entscheiden, schnell sein Geschäft zu machen. Doch es gibt
für tiefergelegte Hunde wie mich gewisse Möglichkeiten: statt wie ein

wildes Tier einfach aufs nasse Gras zu machen, suche man sich einen Mauervorsprung oder einen Baum und verrenke die Hüfte um akrobatische neunzig Grad, um seinen Brownie in eine Mauerritze oder ein Astloch zu quetschen. Vorteil: Regenschatten. Nachteil: Der Menschling braucht ewig, das Kunstwerk wieder aus der Ritze zu bekommen.

Ich denke, durch diese sieben hilfreichen Tipps schafft *Hund* es gut, sich vorm Regengassi zu drücken. Wir sind mittlerweile jedenfalls wieder dort, wo wir hingehören: auf unserer Couch! Legenden nach soll es auch regenliebende Hunde geben (Finn, der Labrador), aber das glaube ich erst, wenn ich sehe. In diesem Sinne, lasst euch nicht durch Pfützen schleifen!

Welche Fragen stellt man sich VOR der Auswahl? Welches ist die ideale Größe? Wie sollte das Fell beschaffen sein? Welches Temperament sollte er haben? Soll er für sportliche Aktivitäten geeignet sein? Haben Sie Hundeerfahrung? Leben Kinder im Haus? Alles Fragen, die sicher eine Berechtigung haben, aber manchmal und dies häufiger als man denkt, entscheiden wir spontan, aus dem Bauch heraus, impulsiv und trotzdem richtig. So wie bei Rüdiger!

Der Dicke

(Bild & Text: Steffi Goldkuhle)

Im Sommer 2015 bin ich mit Polly zu meinem Freund gezogen. Haus mit Hof und Garten. Ideale Voraussetzung für einen zweiten Hund.
Das ist Rüdiger. Im nachfolgenden der Dicke genannt.
Kam im Oktober aus dem Tierheim zu uns. Rasse: ungarischer Straßenköter.
Hab' meinen Freund gefragt ob ich mir den mal ankucken soll, und er meinte, er würde mich doch kennen, ich hätte bestimmt schon `nen Termin gemacht. Ja, er kennt mich.
Bin mit meiner Freundin als Stimme der Vernunft ins Tierheim. Nur um mal zu kucken. So hatten wir es ausgemacht.
Wie kamen hin und Hannes, wie er damals noch hieß, wurde uns vorgestellt. Er war so furchtbar dürr. Die Beckenknochen standen raus, man konnte die Rippen zählen und er wog gerade mal 15 kg.
Wir gingen ein Stück spazieren mit Polly und Hannes um zu sehen, ob die zwei sich vertragen und stellten fest: Sie waren sich ziemlich schnuppe. Na, besser als Theater.
Ne Stunde später waren wir mit `nem zweiten Hund aufm Heimweg.
Nur zur Pflege.
So war es ausgemacht. Aber wir sind Pflegestellenversager.
Der Dicke war als sehr schwierig deklariert. War schon mal vermittelt und wurde nach einer Nacht zurückgebracht. Er wäre zu nervös und

weil er ins Haus gepinkelt hat. Ich fasse mir an den Kopf. Normal, oder???

Bräuchte Rückzugsmöglichkeiten, wäre hypernervös und schnell reizüberflutet. Würde sich dauernd schütteln.

Wir haben ihm im Büro Platz gemacht, wo Ruhe ist. Unten läuft dauernd Musik, oft ist Besuch da.

In der ersten Stunde gab es direkt Stress wegen dem Futter. Polly hat ihm gezeigt, dass es IHR Fressen ist. Nicht seins. Habe eine zweite Schüssel befüllt, und dann lies sie ihn gewähren. Er hat sofort viermal den Napfinhalt regelrecht inhaliert. Ich gab ihm immer wieder Nachschlag, bis er satt war.

Mein Freund kam von der Arbeit und die beiden begrüßten sich, als wenn sie aufeinander gewartet hätten.

In der zweiten Nacht habe ich fast drei Stunden mit diesem „fremden" großen Hund im Bad gesessen, hab' ihm vorgesungen und geflüstert und hab' dem die Ohren mal saubergemacht.

Er stand immer wieder auf und ging weg. Schüttelte sich und kam wieder zum Popeln. Der ach so schwierige Hund. War dankbar, dass ihm geholfen wurde.

Zwei Nächte habe ich damit verbracht, ihn immer wieder auf seinen Platz zu schicken. Musste er ja lernen. Und je eher, desto schneller konnten wir wieder durchschlafen.

Nach drei Tagen hat er nicht mehr ins Haus gemacht.

Laute Musik ist dem total egal. Hauptsache er ist unter Menschen. Besuch: suuuuuper.

Mit Polly hat er sich arrangiert, und mit der Tochter von meinem Freund ist der echt toll.

Gut, er ist etwas dämlich. Tut mir leid. Keine Mutter will so von ihrem Kind reden. Aber ich bin da ganz offen. Ja, Rüdiger ist doof.

Aber ich hatte vorher 'nen Jacky. Der hat die Messlatte hochgelegt.

Nach zwei Tagen habe ich schon festgestellt wie unglaublich wachsam der ist. Mit DEM kann ich nachts übern Friedhof gehen.

Nach vier Monaten durfte er schon ohne Leine laufen und er ist ein durch und durch freundlicher Hund.

Ich liebe den einfach und mir ist einfach unbegreiflich wie man so 'nen Hund wieder wegbringt, weil der ins Haus gepinkelt hat. Unfassbar!

Er hat acht (!) kg zugenommen und ist mittlerweile auf 21 kg eingependelt. Jetzt sieht er wie ein normaler Hund aus.

Würmer hatte er, so groß wie Luftschlangen, und es wurde beim Tierarzt festgestellt, dass er im Ohr einen multiresistenten Keim hat, den wir mit Antibiotika und viel, sehr viel Geduld endlich einigermaßen im Griff haben. Trotz der Schmerzen, die er hatte, ist er immer gut gelaunt und freundlich.

Heute arbeite ich nachts in einem Hotel und nehme beide mit zur Arbeit. Die sind so entspannt, das man gar nicht merkt, dass Hunde anwesend sind.

Hab' echt 'n tollen Griff gemacht und es ist sicher, dass mein nächster Hund wieder aus dem Tierheim kommt.

„Hier bin ich Hund, hier darf ich´s sein". Eigentlich ein ziemlich banaler Satz, aber einer, der es in sich hat. Zum Glück leben wir in Europa und nicht in den Vereinigten Staaten, denn dort zwängen wir die Vierbeiner in „lustige" Kostüme, setzen ihnen Rentierhörner auf oder „verweichlichen" sie mit Hundeschuhen, Winterjacken und Regenhauben. Keine Sorge, es gibt Rassen, die sich bei einem „richtigen Sauwetter" nicht wohlfühlen und Schutz brauchen. Auch ist es oft angebracht den Hund an der Aufnahme von Lebensmitteln an Wegrändern oder in Gebüschen zu hindern. Zu viele üble Zeitgenossen legen Giftköder aus oder „spicken" Leckereien mit Fremdkörpern. Ich denke häufiger darüber nach, was ich tun würde, wenn ich einen der üblen Zeitgenossen bei seiner Tat erwischen würde.

Davon soll hier auch nicht die Rede sein. Wie sieht er denn aus, der perfekte Tag für unseren Hund?

Ein perfekter Tag

(Bild & Text: Katja Breuer)

Jeder Mensch definiert ja ‚perfekt' etwas anders, was für den einen wunderbar ist, kann einen anderen tödlich langweilen, aufregen oder traurig machen.

Wie einfach ist es, einen Hund glücklich zu machen:

Den ganzen Tag essen, spazieren gehen und Hund sein dürfen, eine Schlafstelle, die ein bisschen bequem sein darf, das Rudel um ihn herum – fertig ist so ein perfekter Hunde-Tag.

Ohne Frage, ohne Diskussion, ohne besondere Ansprüche – oder habt Ihr einen Hund schon einmal nörgeln gehört?

«Ähhh, das Essen schmeckt nicht» oder «Man, mein Mensch hat schlechte Laune – da mache ich gleich mit!» oder «Im Fernsehen gibt es auf allen Kanälen nur Mist!»

Na bitte – Hunde sind eben total einfach zufrieden zu stellen.

Und doch haben wir manchmal das Gefühl, dass wir ‚mehr' machen müssen.

So nehmen wir z.B. den Hundeplatz.

Ganz ohne Frage könnte so ein Platz, würde er denn auch so genutzt, eine schöne Abwechslung für unseren tierischen Begleiter sein.

Da, wo viele andere Hunde sind, kann Hund toben und spielen, laufen und (gesichert, aber ohne Leine) die Gegend erkunden, Nachrichten lesen und welche verteilen.

Doch Pustekuchen: Da wird gedrillt, geübt, was der Hundehalter (im Weiteren ‚HH' genannt) meint, das sein Hund können muss, es werden Kommandos gerufen oder gebrüllt (obwohl das Hundeohr sogar im Tiefschlaf die Kühlschranktür klappen hört – über 30m Entfernung!) , Hundenamen auch, es werden Hindernisse überwunden, Personen gestellt, fein an der Leine in die Runde gegangen …

Ja, so ein Hundeplatz sollte eigentlich Menschenplatz heißen, denn nicht selten dient er dazu, den Zweibeinern eine Bühne zur Selbstdarstellung zu geben.

Warum MUSS ein Hund eine 2m hohe Mauer überwinden, wenn er Zuhause noch nicht mal über die Beet-Einfassung treten darf?

Welchen Sinn hat es, einen Menschen zu finden und zu stellen, wenn er auf seinem Grundstück noch nicht einmal die Nachbarskinder anbellen darf?

Das Pipimachen auf dem Hundeplatz ist üblicherweise auch nur den Welpen gestattet …

Gut, Thema Hundeplatz ist abgehakt – aber da wäre ja noch das Man-Trailing. Da werden Fiffi und Co. zu Suchhunden ausgebildet, indem man ihnen einen Individualgeruch vor die Nase hält, den Frauchen ihnen vorher auf einem Feld getreten hat.

So soll auch ein Yorkshire später mal in einem Waldstück nach einer vermissten Person suchen können – wenn Bedarf ist! Vorbeugen ist besser als auf die Schuhe kotzen …

Noch kurioser ist dann da noch das Dog-Dancing: Mit mehr oder weniger Taktgefühl des HHs wird nach Musik eine Choreografie einstudiert, die die Massen begeistert klatschen lässt. Da wird so ein Basset schon mal zum tierischen Pendant von Nurejew!

Die Königsdisziplin ist aber Obedience. Da werden nämlich richtige Teams gebildet! Einmal in der Woche trifft man und Hund sich, aber nicht wirklich, denn so eine Stunde, die ja Geld kostet, soll ja auch was bringen. Da ist für Damelei keine Zeit! Hund hat sich so gehorsam zu zeigen, dass seine Nasenspitze immer zum HH gerichtet ist. Dass es dabei zu Fehlstellungen kommen kann, weil der Hund so klein und der Bauch des HH so dick ist, kann ja später der Tierarzt oder Physiotherapeut richten.

Und so könnte ich noch ewig weiter aufzählen, denn die Angebote an hochtrabenden Ausbildungsmaßnahmen und Erziehungsmethoden sind endlos.

Wenn Mensch gar nicht weiter weiß, dann fragt man in Foren oder im sozialen Netzwerk nach, sieht sich bei Youtube noch ein paar Videos an, diskutiert später über Cäsur Mulan oder Manfred Ritter, die alle immer wissen, wie man Hunde innerhalb der Sendezeit im Fernsehen erzieht.

Da prallen dann schon mal die Totstreichler auf die Kettenwürger – und die Harmonie, die beide Seiten von ihren Hunden erwarten, ist ruckzuck vergessen.

Tja, und dann komme ich – ich mache mir einen Spaß daraus in solchen virtuellen Welten zu lesen, manchmal auch eine Frage zu stellen, deren Beantwortung ich eigentlich gar nicht erwarte, wie z.B.: «Wie gewöhne ich meinem Hund das Leineziehen ab?»

Und auf einmal gibt es dort unzählige gute Ratschläge, die der antwortende Experte alle schon sehr erfolgreich angewendet hat.

Nach ein paar Tagen, wenn der Schwall der Ratschläge proportional gleich zum Benehmen der Menschen abgenommen hat, frage ich dann noch, welchen Stachelwürger man denn empfiehlt – nur so zum Spaß, denn nichts ist langweiliger, als eine verebbende Diskussion.

Und wie sieht nun ein perfekter Tag für meinen Hund aus?

Aufstehen, frühstücken, den Garten nach Essbarem (das kann auch schon mal die Hinterlassenschaft der Katze oder ein fauliger Apfel sein) absuchen, sich lösen und dann – je nach Jahreszeit und/oder Wetter aufs Sofa zum Schläfchen oder auf den Rasen in der Sonne dösen, Streicheleinheiten einfordern – bis zur nächsten Mahlzeit oder zum Spaziergang im Wald oder am Strand.

Danach vielleicht ein bisschen mit dem Kumpel spielen, dabei ein paar Leckerchen abstauben, den Katzen das Essen klauen, sich lösen, dann wieder ein Schläfchen.

Und wenn es dann irgendwann eine Doku im Fernsehen gibt, wo ein Hund winselt oder kläfft, wird auch das aufmerksam verfolgt, wie die Fußgänger am Zaun – manchmal lautstark, manchmal ganz leise.

Der inneren Uhr folgend ist mein Hund an feste Mahlzeiten gewöhnt – es macht sie zufrieden, wenn sie mich erinnert und ich sofort reagiere, weil ich da bin – einfach nur da, nicht als Alleinunterhalter für meinen Hund, sondern als Futterlieferant und Rudelchef, der dafür sorgt, dass es meinem Hund an nichts fehlt.

Während wir immer wieder die Evolution und die Abstammung unserer Hunde vom Wolf ansehen, sollten wir uns doch ganz einfach mal anschauen, welches Wolfsrudel sich nur so zum Spaß nach Musik bewegt, Mauern erklimmt oder dem Rudelführer pausenlos hinterherläuft.

Wenn nicht gejagt oder gegessen wird, liegen alle Rudelmitglieder tatenlos (und verdauend) in der Gegend herum oder spielen (je nach Alter) vielleicht noch ein bisschen.

Manchmal wandert man in ein anderes Jagdgebiet, paart sich oder zieht die Jungen auf – fertig. Ein perfektes Hundeleben sieht ganz ähnlich aus, oder?!

Ich höre förmlich schon eure ‚Abers‘, denn ihr habt ja alle so aktive und bewegungsfreudige Hunde. Bestimmt habt ihr die!

Und ich bewundere euch für eure Aufopferung, dass Ihr euch täglich selbst mehrfach überwindet, ihnen diese Freude zu bieten. Wie? Es ist keine Überwindung?

Dann habt ihr die richtige Wahl bei/mit euren Hunden getroffen! Herzlichen Glückwunsch! Ich habe auch noch ein Leben neben dem Hund – aber nie ohne!

Es ist nur eine persönliche Feststellung, aber ich denke, dass ein Hund, je größer er ist, umso relaxter kommt wirkt er auf mich. Bei den kleinen Hunden habe ich oft den Eindruck: «Mensch die haben keinen Spiegel zu Hause, denn sonst wüsste der Kleine wie groß er wirklich ist.» Der Chef der Tierklinik in Aachen berichtete von einem Jack Russel, der einer Deutschen Dogge in den Hintern biss (mit gutem Ausgang,) und von einer Pinscher-Besitzerin weiß ich von einem Frontalangriff auf einen Dobermann, ebenfalls mit gutem Ende für beide übrigens. Ja, die Kleinen haben es offensichtlich oft schwer mit der Beherrschung und wenn sie nicht durch einen Kampfeinsatz gefährdet sind, so doch häufig durch einen bevorstehenden Kollaps durch übermäßige Aufregung und Bell-Attacken, mit einer Phonstärke, die an einen landenden Düsenjet erinnert.

Größenwahn in Reinkultur

(Bild & Text: Steffi Goldkuhle)

Als wir Mac der Verwandtschaft präsentiert haben, hat der Bruder von meinem Freund ihn begutachtet und gelacht: «Auwei, da habt ihr euch ja was vorgenommen, das sehe ich auf den ersten Blick. Kuck mal wie frech der schon kuckt! Das ist Terrier durch und durch!!»
Ich wusste gar nicht, was er damit meint. Hatte bis dato nur Schäfer-hund-Erfahrung.
Nach ca. drei Monaten hat mich eine leise Ahnung beschlichen, was er vorausgeahnt hat.
Wir haben uns einen Anrufbeantworter zugelegt.
Kamen nach Hause, das Teil ausgepackt und die Bedienungsanleitung gelesen. Das Netzteil haben wir eingesteckt, aber noch nicht verbunden.
Puuuuh, anstrengender Tag, also erst mal 'n Kaffee kochen. Bin in die Küche, habe die Maschine fertiggemacht und höre so nebenbei, wie der Hund knurrt und kläfft. Als ich ins Wohnzimmer komme, denk ich, ich sehe nicht richtig: Den Hintern in der Luft, den Kopf unten, ist er zähne-fletschend um den Stecker gehüpft und hat ins Kabel gebissen.

Aber die zwölf Volt haben ihn nicht abgeschreckt. Vielmehr war es wohl eine Herausforderung. Schneller als ich reagieren konnte, hat er noch zwei, dreimal nachgeschnappt und einen – wenn auch kleinen – Stromschlag kassiert.

Völlig im Wahn und überaus hartnäckig. Hab' schnell den Stecker gezogen und den Hund hochgenommen, der sich auch auf dem Arm nicht beruhigt hat, sondern dann eben von oben "den Feind" verbellt und sich weiter aufgeregt hat. Bodenlose Frechheit von mir, ihn einfach von der ersten großen Herausforderung abzuhalten.

Ein paar Wochen später:

Es klingelt an der Tür, ich öffne und vor mir stehen zwei uniformierte Polizisten.

«Können wir mal kurz reinkommen? Keine Angst, nix Schlimmes!»

Der eine fragt mich, ob der rote Panda vor der Tür mir gehört. Ich bejahe und denke:»Was zappelt der Kollege denn ständig so nervös mit dem Bein?» Während der erste mich darüber aufklärt, das mein Auto Öl verliert.

Plötzlich tönt es aus dem Flur von Polizist Nr. 2: «Mann, jetzt hör doch mal auf! Ich bin doch nicht der Briefträger!!!!!»

Ich linse um die Ecke und sehe wie mein Hund mit wildem Blick am Hosenbein von Polizist Nr. 2 hängt und mit scharfen Milchzähnen den Stoff der Uniformhose bearbeitet.

Oh Gott, wie peinlich. Mit hochrotem Kopf stürze ich in den Flur und pflücke den völlig irre aus seinem Fell schauenden Welpen vom beigen Textil. Dabei stammele ich Sätze wie: «Tut mir so leid!! ", «Oh weia, tut mir so leid!» «Tut mir so leid!»

Hab mich echt etwas geschämt. Ich meine: Polizei!!! Da hat man ein Auto, was Dreck macht, und dann noch einen Kampfschlumpf, der scheinbar keinerlei Respekt vor der Obrigkeit hat.

Polizist Nr. 1 hat nur vor sich hin gelacht und Polizist Nr. 2 meinte: «Das ist ja wie zu Hause. Ich habe mir auch so was (und dabei zeigt er mit spitzem Zeigefinger auf meinen Terror-Terrier) zugelegt. Viel Spaß damit!! Da haben Sie sich ja schön auf was eingelassen!!!»

Dann zwinkert er, tippt sich an die Mütze und wünscht mir einen schönen Tag, während Polizist Nr. 1 mich nochmal ermahnt, das Auto überprüfen zu lassen.

Sie verlassen die Wohnung und ich bleibe zurück. Mit meinem Killerzwerg und seltsamen Vorahnungen.

Mac war ca. anderthalb Jahre alt, als ich mich von meinem damaligen Freund trennte. Ich dachte, den Hund würde ich nie mehr hinkriegen. Er hat die Prägephase im Wurf verpasst und ist in einem – gelinde gesagt – nervösen und hektischen Umfeld aufgewachsen. Er hat alles angefallen, was sich bewegt hat. Bei Männern war es besonders schlimm. Oder Menschen mit Schirm. Oder Radfahrern. Oder Joggern. Kindern ... Die Liste lässt sich endlos fortsetzen. Und gehört hat er nur so lala.

Einmal war ich mit ihm in den Rheinanlagen. Da habe ich einen Bekannten getroffen, der mit seinem Rottweiler unterwegs war. Der trug zum Glück einen Maulkorb. Mein Satansbraten hatte nämlich nix besseres zu tun, als das Gemächt von dem riesigen Rüden anzupeilen und zuzuschnappen. Es brachen kurzzeitig einige Tumulte aus. Der Rottweiler drehte sich um seine eigene Achse und versuchte, den Terrier in seinem Schritt weg zu beißen. Der dachte aber nicht im Traum dran, loszulassen. Als das andere Herrchen und ich die Fassung wiedererlangt haben, hat es gefühlte zwei Minuten gedauert, bis wir den Flummi von den Kronjuwelen abgezupft hatten. Himmel, war das eine Hektik!

Ein anderes Mal ist er auf eine Pferdekoppel gelaufen und hat versucht, den Pferden in die Beine zu beißen.

Größenwahn in Reinkultur.

Ich ging mit ihm zur Hundeschule, weil ich manchmal dachte, ich dreh am Rad. Nach der dritten Stunde nahm der Trainer mich zur Seite und sagte, es hätte keinen Sinn. Der Hund würde ihm die Moral in der Truppe untergraben. Er käme da nicht weiter und ich sollte nicht mehr wiederkommen.

Ich wollte aber nicht aufgeben.

Doch wie das manchmal so ist. Langsam kehrte Ruhe in mein Leben ein und das hat sich dann natürlich auch auf den Hund übertragen.

Wir haben uns dann auch irgendwann auf ein paar

Grundkommandos geeinigt. Rief ich genervt: «Geh jetzt hier raus!», legte er sich unter den Tisch. Raus war das neue Platz. *Nein* klappte dafür super. Na ja, meistens. Außer wenn er sich einen Döner aus irgendeiner Mülltonne gezerrt hat. Dann war nix mit NEIN!! Er hat weiter gefressen und mich mit Blick von unten beobachtet, wenn ich mit rudernden

Armen auf ihn zu rannte und NEIN, NEIN, NEIN brüllte. Bis auf eine Armlänge kam ich an ihn ran und dann hat er noch schnell 'nen Happen genommen, bevor er rückwärts weggehopst ist. Den Döner (wahlweise auch Schnitzelreste) musste ich dann schleunigst entsorgen, weil er 'nen Bogen um mich schlug und von hinten noch schnell einen Brocken ergattern wollte.

Das alles nur unter Protest und zähnefletschend seinerseits.

Komm her hieß irgendwann, dass er stehen blieb.

Trotzdem war er Terrier durch und durch. Aber weil ein Teil Border Collie in ihm war, war er auch ganz schön clever.

Er brachte mir zum Beispiel zwei zusammenpassende Schuhe, wenn ich sagte: «Hol' die Schuh, wir gehen raus.»

Und das musste ich. Der war ja gar nicht müde zu kriegen. Nach drei Stunden querfeldein war er warmgelaufen. Ein Kollege ist mal wandern gegangen und fragte, ob er den Hund mitnehmen könnte.

Klar. Nimm mit, dann habe ich einen Weg gespart.

Nach einigen Stunden klingelte es an der Tür, mein Kollege total erledigt. Wirft mir die Leine entgegen, steht kopfschüttelnd im Hausflur. Ich glaube, er wollte was sagen. Aber er setzte nur ein paarmal an, schüttelte weiter den Kopf, winkte ab und ging. Mac flitzte in die Wohnung, aufs Bett und kläffte vor Begeisterung.

Zu Hause hat er nie was kaputt gemacht. Okay, ich bin auch die ersten paar Wochen mit der Fliegenklatsche hinter dem hergelaufen. Er hätte schon gerne.

Einmal hat er auf der Arbeit was zerstört.

Aber das ist eine andere Geschichte

Männer haben eine angeborene Aversion gegen das Anprobieren von Klei-
dungsstücken. Der „Normalmann" probiert eine Jeans an, wenn sie passt, folgt
die Frage in welchen Farben es die noch gibt. Das erspart weiteres Anprobieren
und oft wird dann die gesamte Farbpalette „eingetütet" und weitere Anpassver-
suche entfallen.
Auch bei unseren Vierbeinern ist das Anprobieren ein MUSS, denn Tragege-
schirre und Halsbänder müssen ebenfalls passen und vor den ersten Gassirun-
den sollte getestet werden. Dabei kommt es unweigerlich auch zu „Verweige-
rungen", denn so viel Spaß macht das Anprobieren nun auch nicht.

Gassi ziehen oder Zughundesport

(Text & Bild: Antonietta Matteo)

Montag, 7. Dezember 2015: Geschirr kaufen und Gassi ziehen!
Nachdem Paolo gestern aus dem Halsband geschlüpft ist, wir dann auch
noch festgestellt haben, dass das Halsband, das wir gekauft hatten, auch
zu groß ist, müssen wir noch einmal ins Tiergeschäft, ein Geschirr für
den Hund kaufen.
Also, rein in den Laden, den widerstrebenden Hund überredet, mit nach
hinten zu den Geschirren zu kommen und eines ausgesucht, das geht ja
schneller und besser als gedacht.
Auch wenn er sich nicht recht wohlfühlt und am liebsten vor den Hän-
den flüchten würde, die ihm das Geschirr anpassen, klappt alles einigermaßen gut.
Wir gehen mit unserem neuen Geschirr raus und freuen uns, jetzt endlich mit beiden Hunden die Gassirunde antreten zu können, denn meine
Tochter ist mit ihrer Süßen auch dabei.

So und jetzt vor zum Wald und los geht's.
Denkt sich Paolo auch.

Wie, wir sind schon wieder hier? Da waren wir doch gestern erst ... Da sind lauter komische Sachen und Menschen ...

Aaaah, Hilfe, ein sich schnell bewegender Mensch, was macht der da?

Wohin?

Hier?

Da?

Blöd, ich hänge an Geschirr und Leine und kann hier nicht weg! Und noch sowas Komisches, ein Mensch auf so einem seltsamen Ding, das dreht sich auch noch!

Hab' ich ja noch nie gesehen!

Ich will weg hier, einfach nur weg.

Nur blöd, dass da am Ende der Leine noch jemand hängt und der ist ganz schön schwer zu Ziehen ...

Oh, da kommt ein Hund!

Das wäre ja in Ordnung, aber da hängt so ein komischer Typ am Ende der Leine.

Das mag ich gar nicht ...

Und Schwupps die Waldfee ziehen wir durch den Wald, weichen hierhin aus, weichen dorthin aus, hier rein ins Gebüsch und in das nächste vielleicht auch?

Umdrehen?

Heimgehen?

Wäre dann eventuell auch noch eine Option, aber die Hunde müssen sich doch bewegen ... Hmpf.

Also weiter im Zughundesport mit falscher Ausrüstung und mangelnder Zielvorgabe.

Dog-Hiking mal anders?

Und nach einer anstrengenden Stunde und schmerzenden Armen, sind wir endlich wieder daheim. Ab ins Wohnzimmer unter die Bank.

Da fühlt sich Paolo sicher! Keine anderen Menschen und sonstigen komischen Dinge. Puh, geschafft.

Wir anderen hängen völlig fertig auf Couch und fragen uns, was das denn nun war.

Oh je, so habe ich mir das Gassi gehen ganz und gar nicht vorgestellt. Ob das wohl irgendwann besser wird?

Aber wir geben die Hoffnung nicht auf. Wäre ja gelacht.
Und siehe da ...

Als ich Kind war, machte mein Vater mit mir ein Experiment (Achtung Kinder, nicht nachmachen). Er legte Getreidekörner in purem Schnaps ein und „verfütterte" diese dann an unsere Hühner, von denen wir reichlich auf dem Hof hatten. Mit großem Appetit fraß das Federvieh die vermeintliche Leckerei, aber bereits nach wenigen Minuten torkelten die Viecher sturzbesoffen über den Hof und sie konnten sich nur schwerlich orientieren und auf den Beinen halten. Ob das Geflügel davonbleibende Leberschäden zurück behielt, vermag ich heute nicht zu sagen, aber es war wohl eher die Ausnahme und mein Vater wollte mir nur die Wirkung von Alkohol deutlich machen. Anders dagegen der Jacky George, der sehr wohl, zumindest am Anfang, Herr seiner Sinne war.

Ein Kater für George

(Bild & Text: Katja Breuer)

Vor zwölf Jahren sind wir in den Norden gezogen – aus dem Rheinland, dessen Menschenschlag man ja Geselligkeit, Zugänglichkeit und herzliche Offenheit nachsagt.

Als dort ebenfalls Zugereiste kann ich sagen: Wir haben scheinbar nur die Ausnahmen dieser Regel kennengelernt.

Als wir dann nach Schleswig-Holstein zogen, erwarteten wir – dem Klischee glaubend – eher zurückhaltende, introvertierte und ‚kühle' Nordlichter.

Gott (oder der Grünalge) sei Dank lernten wir hier auch die Ausnahmen kennen – allen voran unsere direkten Nachbarn, deren Tiere uns hier schon freundlich und aufgeschlossen begrüßten, als wir noch in unserem Auto auf den Makler zur Hausbesichtigung warteten. Es war Minza, einer der Kater unserer künftigen Nachbarn.

Minza legte sich – wie selbstverständlich – auf das Armaturenbrett und schnurrte uns willkommen. Dass zu Minzas tierischer Familie noch weitere Mitglieder gehören, wussten wir damals noch nicht. Aber allein seine freundliche, aufgeschlossene Art zeigte uns: Wer solche Tiere wie Minza hält, kann nur nett sein!

Glaubt nicht, ich würde das Thema verfehlen, denn in diesem Buch geht es ja um Hunde, nicht um Katzen. Nun wartet es doch ab!! Während der Renovierungsarbeiten lernten wir nämlich auch George kennen, den jungen Jack Russel der Nachbarn, dem Hundekumpel von Minza und den anderen Katzen Klumpi, Socke und Lina.

Um George geht es in dieser Geschichte.

Wie oben schon einmal erwähnt, besichtigten wir unser neues Zuhause im Sommer, kauften im Herbst und begannen mit der Renovierung im Winter. In völliger Selbstüberschätzung und mit viel zu viel Optimismus war es unser Vorhaben, zu Weihnachten bereits dort einen Baum aufzustellen ... Wir hatten nicht damit gerechnet, dass sich das Haus so wehren würde. Trotzdem haben wir am Heiligen Abend noch schnell im Baumarkt unseres Vertrauens eine Arbeitsplatte für die Küche zuschneiden lassen, diese eingebaut und pünktlich zur Bescherung auch einen Pott Nudeln auf dem gerade angeschlossenen Herd gehabt. Nur der Weihnachtsbaum stand noch im Transportnetz im Flur – gleich neben den Farbeimern ...

Na ja und weil niemand nach Weihnachten noch einen Baum aufstellt, haben wir unseren auch in der praktischen Transportverpackung belassen – bis wir zum Osterfeuer bei unseren Nachbarn eingeladen wurden. Dort leuchtete er dann doch noch, während wir uns mit vielen Menschen daran wärmten.

Wie es bei Osterfeuern so Tradition ist, wurde auch im Nachbargarten Alkohol getrunken. Neben Bier wurde ein Likörchen ausgeschenkt, den ich seit meiner Kindheit nicht mehr gesehen hatte: Kosaken-Kaffee! «Komm', Brüderchen, trink – Kosaken-Kaffee!» Mit übertriebenem russischen Dialekt und stark rollendem „R" lud damals die Fernsehwerbung ein, sich diesem Getränk zu widmen. Hier in Itzehoe tat man es – mit einem Schluck flüssiger Sahne ‚on top' war dieses Likörchen aber auch süffig!

Und jeder schien es hier zu kennen – also machten wir mit.

Während die Menschen also um das Feuer herum saßen, die leeren Gläser irgendwo auf der Garten-Deko, niedrigen Tischen und Bänken abstellten, liefen im Garten George und Emma (der Hund anderer Nachbarn) umher, stöberten nach Dingen, die sie vorher dort versteckt hatten, und wuselten um die Menschen herum, von denen sie sich ausgiebig streicheln ließen.

George, damals gerade einmal sieben Monate jung, brachte jedem seinen Ball, der dann wie selbstverständlich in die Dunkelheit geworfen wurde – um dann Sekunden später vor den Füßen des Werfenden wieder abgelegt zu werden. Die Hunde waren glücklich, die Menschen auch – hier im Norden ist es klasse!

Irgendwann ist jedes Fest mal vorbei und Aufbruchsstimmung machte sich bemerkbar. Erst dann fiel uns George auf, wie er jedes Glas, das er fand, ausleckte. Schließlich waren dort noch Reste der leckeren Sahne zu finden.

Unbeobachtet hatte George JEDES Glas im Garten gefunden, mit der Hundezunge gewissenhaft gesäubert und machte nach vollbrachter Tat einen wirklich zufriedenen Eindruck, als er auf der Terrasse saß und von erhöhter Position durch den Garten in die Dunkelheit stierte.

Bei näherer Betrachtung wackelte er leicht nach rechts und links, nach vorne und hinten – den Blick immer auf einen, nur für ihn sichtbaren Punkt gerichtet, um sich darauf zu konzentrieren, seine sitzende Position beizubehalten.

Das gelang ihm auch einigermaßen, bis die Schwerkraft –durch den Rest-Alkohol in der Sahne ausgehebelt – die Oberhand gewann und George wie ein Stein auf die Seite kippte, dort liegen blieb und schlief.

Am nächsten Morgen, als der Übernachtungsbesuch unserer Nachbarn aufstand, der nach dem Motto ‚don't drink and drive' feststellte, dass dieses süße Likörchen vom Vorabend für heftigen Kopfschmerz gesorgt hatte, sahen wir gewisse Ähnlichkeiten mit George, dessen Augen haargenau dasselbe zu sagen schienen: «Nie wieder Kosaken-Kaffee!»

Nur George hielt sich an das selbst gegebene Versprechen – es mag auch daran liegen, dass wir künftig besser aufgepasst und Gläser nicht mehr in Jack Russel – Höhe abgestellt haben.

George ist heute zwölf Jahre alt – und ich kenne keinen Hund, dem man sein Alter so wenig ansieht, wie ihm. Er ist immer noch der quirlige Ball-Junkie mit glänzendem Fell, schlanker Taille und wachen, klaren Augen. Nur seine Marotten sind etwas ausgeprägter – aber alle sind liebenswert und wunderbar. Vielleicht liegt das auch nur an seinen Menschen, denn sie sind es auch!

Das Verständnis zwischen Hund und Herrchen wird maßgeblich bestimmt von Beobachtungen. Der Mensch hat zum großen Teil verlernt auf die Gefühlswelt seines Hundes einzugehen und sich auf die Körpersprache einzulassen. Erfolgreiche Hundetrainer zeigen in ihren Dokumentationen auf das unsere Vierbeiner sehr stark „vermenschlicht werden". Das führt zu intensiven Gesprächen und Diskussionen zwischen Herrchen und Hund, auf kurze und knappe Kommandos wird verzichtet. Aber was bedeutet dieses Verhalten für das Leben mit unseren Hunden? Ein paar Gedanken zur Kommunikation mit unseren Lieblingen.

Rex und die Sprache

(Bild & Text: Herta Sartour)

Treffen wir auf jemanden, der des Deutschen nicht mächtig ist, werden die meisten von uns sicher versuchen, sich auf Englisch mit ihm zu verständigen, und kaufe ich mir auf dem Wochenmarkt einen Sack Kartoffeln, rede ich mit dem Verkäufer anders, als ich dies tun würde, befände ich mich gerade mitten in einer Diskussion mit vermeintlichen Intellektuellen über den Sinn und Unsinn moderner Kunst.
Kurz gesagt, wir lassen uns auf die Sprache unserem Gegenüber ein – wie aber sieht das mit unseren Hunden aus?
Der Hund ist sicherlich, abgesehen von den Primaten, das Säugetier, das am besten von allen in der Lage ist, die Sprache anderer zu deuten, wobei mit Sprache natürlich das Gesamtpaket gemeint ist, also die Lautäußerung, aber auch Gestik, Mimik und Köperhaltung. Hunde sind fähig umzulernen, z.B. das Lächeln und damit das Zeigen der Zähne eines Menschen als Freundlichkeit auszulegen, obwohl es im Zusammenspiel mit Artgenossen meist etwas völlig Anderes bedeutet.

Was heißt das für uns und unsere Hunde?

Und wir selbst? Inwieweit verstehen wir, was unser Hund uns sagen will, und inwieweit kommen wir ihm entgegen, um eine gemeinsame Basis zum Kommunizieren zu finden?

Rex kam vor acht Monaten als völlig ungehobelter „Randalekopp" im besten Flegelalter zu uns.

Er war nach mehr als einem Jahr Zwinger extrem futterneidisch, versuchte alle erhöhten Sitzgelegenheiten und sogar die Tische im Haus für sich zu beanspruchen, er sprang uns ständig an, unsere Arme und Beine waren mit blutigen Striemen übersät – es ging darum, abzuklären, wer in unserem kleinen Rudel künftig das Sagen haben würde. Ich focht immer wieder heftige Machtkämpfe mit ihm aus, all meine langjährige Hundeerfahrung schien mir zu nichts mehr nutze zu sein; ich fand einfach nicht den richtigen Zugang zu ihm, obwohl er sich beim Trainieren von Befehlen mit gleichzeitiger Futtergabe sehr gelehrig anstellte. Nur wenn es darauf ankam, dann war alles für die Katz gewesen, oft stellte er sich, wenn ich auf der Couch saß, auf die andere Seite des Tisches und bellte mich an. Nein, es war keine freundliche Aufforderung zum Spielen, sondern bewegte sich meist knapp an der Grenze zur Aggressivität. Ich kannte ihn noch nicht sehr gut und war mir durchaus nicht immer sicher, ob er nicht jederzeit zubeißen könnte.

Eine sehr unschöne Situation, bis mir dann endlich etwas einfiel, das ich schon mit seiner Vorgängerin praktiziert hatte, nämlich das Fletschen der Zähne.

Bei ihr war es nötig geworden, als sie in hohem Alter auf einmal Panikattacken bekam. Ich konnte mir keinen Reim darauf machen, zumal sie weder auf vertraute Kommandos noch auf die damit verbundenen Handzeichen reagierte.

Im Nachhinein weiß ich, dass sie damals ihr Hörvermögen verlor, ihre kleine Welt war auf einmal eine völlig andere, sie war extrem verunsichert und ich konnte die Lage erst retten, als ich mich auf ihre Sprache einließ. Ich hatte mir überlegt, was würde denn ein tierischer Rudelboss unternehmen, um unliebsames Verhalten abzustellen?

Richtig, er würde beginnen, mit den Mundwinkeln zu zucken, und dies dann langsam zum Zähnefletschen steigern. Das müsste ich doch auch hinkriegen?

Ich kriegte es hin und es zeigte sofort Wirkung. Sissi verstand diese Sprache genau und interpretierte sie dahingehend, dass sie selbst sich nicht sorgen musste, denn ich als Boss war ja da – schlagartig war ihre Angst verschwunden und fortan hatte ich wieder einen zufriedenen Hund.

Und bei Rex?

Auch bei ihm funktionierte es: Er stand drohend aufgeplustert vor dem Tisch, bellte und knurrte sogar leicht, ich begann das sich steigernde Spektakel des Zähne-Zeigens, einen Moment starrten wir uns an, dann zog er es vor, Deeskalation zu betreiben, gähnte, wandte sich schließlich ab und trottete zu seiner Decke.

Eine scheinbare Kleinigkeit nur, doch damit war es mir gelungen, etwas ganz Grundlegendes in unserer Beziehung zu verändern. Von da an lief es sehr viel besser mit seiner Erziehung, inzwischen hat er sich zu einem wirklich liebenswerten Hausgenossen gemausert und ich muss ihm nur noch sehr selten die Zähne zeigen.

Man sollte also wirklich öfter einmal darüber nachdenken, inwieweit man sich auf das Sprachniveau seines Gegenübers einlassen kann, um sich irgendwo in der Mitte zu treffen.

Das neue Jahr wird begrüßt mit einem riesengroßen Feuerwerk, lautstark, bunt und mit viel Qualm. Jedes Jahr starten große Diskussionen zum Thema „Brot anstatt Böller", selten stehen unsere Vierbeiner im Mittelpunkt der Gespräche. Hunde haben ein besonders gutes Gehör, sind geräuschempfindlich und ganz besonders empfindlich, wenn es um die Silvesterknallerei geht. Zwei Tage vor dem eigentlichen Jahreswechsel bewegen sich viele Fellnasen nur noch mit „eingezogener Rute", sind völlig verängstigt und gehen nur noch ungern an die frische Luft. Bereits zu dieser Zeit ballern viele „Vollpfosten" und durchgeknallte Zeitgenossen, als gäbe es eine 48-stündige Probephase vor dem eigentlichen Übergang. Nicht alle Hunde vertragen diese Zeit so gut wie die Protagonisten der nächsten kleinen Geschichte.

Leo, die Olsenbande und Silvesterböller

(Bild & Text: Horst Knoblich)

Wir treffen uns immer öfter mit Andreas und Petra, um gemeinsam mit unseren Hunden spazieren zu gehen oder einfach nur bei den beiden mit den Vierbeinern zu spielen. Das große Grundstück drängt sich ja förmlich dafür auf. Meist gehen wir zu Fuß spazieren, manchmal fahren wir von da aus auch gemeinsam in irgendwelche Wälder, um diese zu erkunden. Heute ist wieder so ein Wochenende und wir haben uns angemeldet. «Fahren wir in den Forst, von dem du gesprochen hast?» Michaela sieht Andreas fragend an.

«Ja, dachte ich. Wir wollen nur schnell zu Elke und Ute. Ich will den beiden was bringen.»

«Kein Problem.» Kurz darauf sind die Hunde im Auto verstaut. Jedes Tier im eigenen Fahrzeug. Wir haben immer noch den Einhänger drin. Darum kann hinten keiner sitzen. Den Einhänger rauszunehmen kommt nicht so gut. Es ist Schietwetter – Schnee, Schneematsch, Regen, Nass, einfach Bäh! – und unser Auto hat Ledersitze. Ein dreckiger, nasser Hund ist da sehr kontraproduktiv. Wir parken vor dem Haus von Ute und Elke, Andreas steigt aus und klingelt an der Tür. Leises Gebell dringt zu uns rüber. Aha, Hunde.

Eine blonde Frau öffnet die Tür, nimmt Andreas in den Arm und bittet ihn offensichtlich rein. Beide verschwinden im Haus, die Tür wird geschlossen. Keine zwei Minuten später kommt Andreas wieder raus. Ich starte den Motor und will gerade das Auto wenden, als Michaela sieht, wie er wild mit den Armen wedelt.

«Warte mal, Andreas will was von uns.» Er kommt zu uns rüber und Michaela öffnet das Fenster: «Wir sollen reinkommen. Die wollen auch mit in den Forst. Aber erst nach dem Kaffeetrinken.» Michaela sieht mich an: «Ich weiß nicht, wir können doch nicht einfach da so reinplatzen. Und was ist mit Leo?» «Das ist schon okay. Es gibt hier drei Hunde und wir sollen unsere auf jeden Fall mit reinbringen.» Mir ist das nicht ganz geheuer. Wir kennen die beiden Frauen nicht, wir wissen nicht wie Leo auf die Hunde reagiert und umgekehrt. «Los jetzt!» Andreas drängelt.

«Meinetwegen.» Wir steigen aus und Leo kommt vorsichtshalber an die Leine. Die Tür steht immer noch offen, Andreas geht vor, Petra mit Lara folgt ihm, wir drei bilden den Schluss.

Ein kleiner Vorraum mit Schuhen.

«Sollen wir unsere Schuhe ausziehen?», fragt Michaela mit Blick auf die Schuhe.

«Nein, die könnt ihr anlassen», antwortet eine unbekannte Frauenstimme. Die blonde Frau von eben.

«Hi, ich bin Elke. Kommt rein.» Sie geht auf Michaela zu und drückt sie kurz aber herzlich, danach mich.

«Hallo, Michaela.» «Horst.» «Kommt rein. Wir wollen gerade Kaffee trinken. Kuchen haben wir auch ... und mach endlich den kleinen Süßen von der Leine. Andreas, Du Lara auch.» Und dann bricht das Chaos aus. Drei Hunde stürmen um die Ecke. Vorweg ein winziger laut kläffender Yorkshire Terrier, dahinter ein Beagle. Den Abschluss bildet ein ... ein ... na, halt ein Hund. Auch auf Nachfrage hin erfahren wir nicht, um welche Rasse es sich handelt. Es weiß niemand, was das für eine Dame ist und ob sie reinrassig oder eher etwas Gemischtes ist. «Das sind Charly, der Yorkshire, dann Luzie, unsere Beagle-Prinzessin, und unsere Tippie, ,das Kastenbrot' genannt», werden uns die drei vorgestellt. Der Yorkshire Charly beschnüffelt argwöhnisch erst Leo und dann ausgiebig

Lara. Test bestanden. Der Beagle zieht gleich wieder ab, Tippie zeigt kurz die Zähne, knurrt leise und verschwindet dann ebenfalls. Im Schuhschrank – das ist ihre persönliche Eigentumswohnung. «Die tun alle nichts, die spinnen nur rum. So, und jetzt bleibt hier nicht im Flur stehen, sondern kommt ins Wohnzimmer.»

Elke dreht sich um und folgt den Hunden.

Was soll's. Gehen wir.

Lara und Leo sehen das anders. Wie festgeklebt stehen sie da und rühren sich nicht vom Fleck.

Da haben wohl zwei Manschetten oder was ist los? Wir vier beschließen einfach weiterzugehen, die Hunde werden schon kommen. Petra und Andreas kennen hier schon alle seit Langem, wir logischerweise niemanden. Petra und Andreas nehmen alle in den Arm, begrüßen alle herzlich und setzen sich zwanglos auf die freien Stühle. Elke übernimmt unsere Vorstellung: «Das sind Michaela und Horst.» Irgendwie war das der Startschuss. Da ist der große Mark: «Hi, ich bin Mark. Wir kennen uns doch schon. (an Michaela gewandt) Hi, schön Dich kennen zu lernen.»

Dietmar: «Hi, wer Hunde mag, ist auch mein Freund.»

Und Elke. «Hi, ihr zwei. Schön, dass ihr da seid.»

Hä, wie jetzt. Elke hat uns doch …

Eineiige Zwillinge! Und dann auch noch gleich angezogen. Das kommt mir sehr bekannt vor, ist mein Schatz doch auch ein solcher Zwilling.

«Was wollt ihr trinken», will Elke/Ute wissen.

«Wer ist denn wer? Kannst du die beiden unterscheiden?», flüstere ich Michaela ins Ohr. Kopfschütteln.

«Kaffee, danke.» «Ich auch, mit Milch bitte.»

«Kuchen nehmt ihr euch bitte hin, Sahne steht da hinten, Zucker … hier.»

Unter dem Tisch entsteht eine gewisse Unruhe. Es ist auch kein Wunder. Acht Erwachsene und fünf Hunde sind um und unter dem Tisch versammelt. Alle Gliedmaßen sind ständig in Bewegung, man muss schon sehr genau hinsehen, wo man seine Füße platziert. In vollkommen lockerer und entspannter Atmosphäre verbringen wir einen super Nachmittag aus dem schnell ein sehr lustiger Abend wird. Dietmar und Ute sind ein Paar, aber nicht verheiratet. Elke und Mark sind auch ein

Paar oder ist das jetzt doch Ute, Blödsinn, Ute saß doch die ganze Zeit rechts von Dietmar. Das ist aber auch zu blöde. Letztlich ist es auch egal. Ich tippe Andreas an: «Wie sieht es mit einer kleinen Hunderunde aus. Ich denke, die beiden müssen mal raus.» «Gut, ich komme mit.» Aus dem Hundeknäuel fischen wir die unseren heraus und begeben uns auf eine Gassirunde. Mitten in der Feldmark lassen wir die beiden von der Leine. Hier ist niemand, da können sie ruhig über die Felder laufen. Lara ist im Dämmerlicht kaum noch auszumachen. Leo schon eher. Der hat noch ein gewisses Restleuchten. «Das», klärt mich Andreas über die Hunde auf, «ist die Olsenbande. Charly oder auch manchmal Sir Charles genannt, ist der älteste von den dreien, um die fünf rum. Danach kommt das Kastenbrot. Luzie ist, soviel ich weiß, drei. Ich kann mich aber auch irren.»

«Eine super Truppe, die vier. Die Hunde sind auch ganz knuffig. Eigentlich mag ich ja keine Yorkshire. Du weißt doch: das sind die Hunde der horizontalen Damen.»

«Der was?»

«Das muss ich jetzt nicht weiter ausführen, oder?»

«Lass uns zurück, die warten bestimmt schon auf uns.»

Es wartet sogar eine Überraschung auf uns. «Dietmar hat einen seiner einsamen Entschlüsse gefasst», verkündet Elke oder Ute bei unserer Rückkehr. «Wir wollen alle zusammen bei Petra und Andreas Silvester feiern. Petra ist einverstanden. Was sagst du?» Sie sieht mich an.

Ich wiederum suche den Augenkontakt mit Michaela.

«Entscheide Du.» Super. Ehe ich etwas sagen kann, meldet sich Dietmar zu Wort: «Hey, das wird super. Und als Highlight haben wir uns überlegt, dass die Party im 70er-Style sein soll. So Retro halt, mit Mett-Igel und den alten Klamotten. Alles klar, ihr kommt doch, oder?»

«Klingt gut, wir kommen gerne.» Dietmar freut sich wie ein kleines Kind: «Zusammen sind wir eine toffe Truppe.»

«Dietmar und seine legendären, berüchtigten Partys.» Petra hält sich demonstrativ den Handrücken an die Stirn.

«Hauptsache der Computer bricht nicht wieder zusammen.» «Ne, Hauptsache die Zapfanlage steht bis dahin wieder.»

Wir ahnen Übles. Leo ist jetzt siebzehn Wochen alt und wiegt bereits 14,5 Kilo. In diesen Wochen hat er Fähren, Busse, Straßenbahnen und Autos kennen gelernt, ist stubenrein (ganz selten kommt es noch zu einem kleinen Malheur, aber dann haben wir die Zeichen der Zeit nicht gesehen oder erkannt), läuft super mit und ohne Leine, versteht sich bestens mit Menschen aller Sorten, hasst Tauben, duldet keine Katzen in seinem Dunstkreis, lag zum ersten Mal unter einem Weihnachtsbaum (und hat dabei mehrere Kugeln aus Glas zerdeppert), mag seine Freundin Lara und hat seinen ersten Wolfsgesang angestimmt. Mitten in der Nacht. Der Schreck saß uns noch lange danach in den Knochen.

Was er noch nicht kennt sind Silvesterfeiern, fliegende Sektkorken, super laute Musik (,ICH VERSTEH' DICH NICHT! DU MUSST LAUTER REDEN: DIETMAR HAT DIE MUSIK SO LAUT GESTELLT!' ,WAS HAST DU GESAGT?') und Silvesterknaller, -böller, -raketen, -heuler, -frösche, stinkende Nebelschwaden, grölende Halbstarke und Kopfschmerzen am Tag danach.

31. Dezember 2003, 22:36 Uhr. Andreas und ich gehen mit unseren Hunden eine Gassirunde über die Felder. Uns sausen die Ohren, die Hunde fliegen über die Felder. Es ist nur ganz leicht bewölkt und darum saukalt. Wir frieren.

«Hunde, kommt her, ab nach Hause.»

23:40 Uhr. Wir zwei Männer gehen vorsichtshalber mit den Hunden noch mal vor die Tür. Jetzt lassen wir sie besser an der Leine, denn die Knallerei nimmt bedrohlich zu. Ich denke da nur an unseren ersten Hund oder auch an den meiner Eltern. Beides Boxer, beides kräftige Kerle, beides Schisser vor dem Herrn, jedenfalls wenn es um die Silvesterknallerei ging.

23:48 Uhr sind wir wieder im Warmen. Die anderen ziehen sich gerade an. Die Sektkorken knallen und fliegen durch den Raum, eine leere Weinflasche fällt um und kullert über den Holzfußboden.

«Alle Mann nach draußen! Es ist gleich zwölf!» Dietmars Bruder.

Einer ruft noch: «Die Hunde bleiben diesmal hier!»

«Ich will keine Prickelbrause!» Mark. «Ich hab' mein Bier.»

23:57 Uhr. «Los jetzt!» Elke/Ute.

«Wer hat die Knaller?» Dietmar.

«Stehen schon bereit.» Mark und Gerald synchron.

«Eine Minute nur noch!» Michaela

Gedränge im Flur nach draußen.

«Schnell auf die Straße, da sehen wir mehr.» Petra.

«Wo sind meine Zigaretten?» Andreas. Oder Mark?

»Raus, raus, raus, raus!» «Vier … drei … zwei … eins … Prosit Neujahr!»

Ute /Elke hat/haben runtergezählt.

Die Knallerei geht ohrenbetäubend los. Michaela und ich zittern am ganzen Leib. Bei mir ist es nicht nur die Kälte – ich mag keine Knallerei. Jeder umarmt und küsst jeden und wünscht das Beste vom Besten. Die Sektgläser werden klirrend aneinandergestoßen. Unsere Blicke folgenden Raketen, die sich mit einem scharfen Zischen in die verqualmte Luft erheben, um über unseren Köpfen mit lautem Knall farbenprächtig zu explodieren. Vor uns versprüht ein Silberregen seine Funken, ein Knallfrosch hüpft krachend zwischen unseren Beinen herum.

«Aufpassen!»

Von gegenüber wird uns laut jubelnd zugeprostet und ein frohes Neues Jahr gewünscht. Neonbunte Luftschlangen aus der Sprühflasche schießen uns entgegen. Konfetti wirbelt und zwischen all dem Trubel laufen einträchtig nebeneinander Leo und Lara. ‚Hubschrauber' erheben sich pfeifend in die stinkende Nacht, weitere Raketen erhellen den …

Moment mal. Die Hunde sind draußen?

«DIE HUNDE SIND DRAUSSEN!», versuche ich gegen den Lärm anzubrüllen.

Wieso sind die Hunde hier? Ich denke, es hieß, die Hunde bleiben drin. Also Tür zu und aus die Maus.

Lara und Leo laufen mitten zwischen den Knallfröschen umher und versuchen ernsthaft die Dinger zu schnappen. Keine Spur von Angst. Aber bei Michaela und mir, da macht sich die Angst breit.

«Um Gottes Willen. Wenn die einen Knaller zu fassen bekommen. Nicht auszudenken!»

Andreas bemerkt auch was los ist. Urplötzlich ist er todernst und mindestens so blass, wie die viel zitierte Wand. Die Hunde zu rufen macht keinen Sinn bei dem Lärm. Wir laufen auf die beiden zu, Andreas bekommt Lara am Halsband zu fassen, ich Leo am Schwanz. Verwundert und erschrocken dreht er sich zu mir um. Der Einfachheit halber nehme ich ihn auf den Arm. Er leckt mir das Gesicht ab. Danke, gleichfalls.

«Was machst du denn hier draußen? Ihr solltet doch im Warmen bleiben.»

«Ich gehe rein», beschließt Petra. «Mir ist das zu kalt und zu laut. Ich passe auf die beiden auf, wenn Du willst.»

«Ja ... nein. Danke. Aber ich gehe auch rein. Dieses Rumgeknalle ist nichts für mich.»

«Ich komme mit.» Michaela wuschelt Leo über den Kopf. «Für mich ist das auch nichts.»

Andreas folgt uns auf dem Fuß, Lara an der Leine. Für uns geht die Party noch etwa zwei Stunden weiter, dann machen wir Schluss, wir sind wie erschlagen müde, Leo putzmunter und quietschfidel.

„Der Tod gehört zum Leben", dieses Zitat begleitet die Menschheit seit vielen Jahren und als solches gehört der Tod auch zu unseren kleinen Geschichten. In vielen Fällen sind die vierbeinigen Hausgenossen die einzigen noch verbliebenen Weggefährten, in fast allen Fällen gehören sie einfach nur zur Familie und haben sich dort „IHREN" Platz erobert. Tritt einer unserer Lieblinge den Weg auf die andere Seite der Regenbogenbrücke an, die Trauer ist groß, aber vielleicht hilft uns ein Zitat von Marc Aurelius die Traurigkeit zu überwinden: „Der Tod lächelt uns alle an, das Einzige was man machen kann, ist zurücklächeln".

Trauer

Ich vermiss dich

(Bild & Text: Donna Bienowa)

Ist es wirklich fünf Wochen her?
Mein Gott wie die Zeit vergeht ...
Meine Wohnung ist nur noch ein Aufenthaltsort für mich. Ich setze mich an meinem Computer versuche ich mich abzulenken, hier sehe ich mir einen Beitrag in You-tube, da schreibe ich ein paar Kommentare in Facebook ... und doch erwarte ich minütlich ihr kleines forderndes „WÄFF"
Manchmal glaube ich es zu hören und stürze zu meinem Bett auf dem sie immer lag, zucke zusammen und erinnere mich ... ach ja. Sie ist doch nicht mehr bei mir ... die Augen füllen sich wieder mit Tränen ... ich muss immer wieder daran denken an ... den Tag, an dem der Tierarzt mir mitteilte, das meine wunderbare Maus Leberkrebs hat – die Diagnose traf mich wie ein Hammerschlag: Warum hat der Doktor mir das nicht früher mitgeteilt?

Ich ging doch einmal im Monat ging ich zur Untersuchung und zum Krallenschneiden in die Praxis ...

Er hat mir damals gesagt, dass es bei meinem „Baby" viele Baustellen gibt, doch es ist ihm sicher auch aufgefallen, dass ich sogar beim Krallenschneiden richtig „leide".

Bei der letzten Untersuchung jedoch hat er mich nicht schonen können, vorsichtig wies er mich darauf hin, das Bienchen nicht mehr lange bei mir sein wird und ich sie nicht leiden lassen soll ... Das wollte ich so nicht hinnehmen und hoffte hartnäckig, dass sie so lange wie möglich bei mir bleibt, ich wollte nicht wahrhaben, dass ein Tumor so schnell wachsen kann, arbeitete gegen dieses Untier und holte auch Heilpraktiker zu Rat!!

Egal, wie oft ich mitten in der Nacht wach wurde, weil sie pinkeln musste, Hunger oder Durst hatte. Egal, wie oft ich die Bettwäsche wechseln musste, weil sogar die Krankenunterlage nass war. Egal, wie oft ich ihr aufgeblähtes heißes Bäuchlein gekühlt habe, koste es was es wolle: Hauptsache, sie ist bei mir!

Wenn sie dann am nächsten Morgen erwachte und mit einem frechen „Wäff" vom Bett heruntergehoben werden wollte, war ich dankbar für den neuen Tag!

Sofort packte ich sie in ihre Hundetragetasche, trug sie die Stufen hinunter, stemmte die Tasche in den Hundeanhänger und fuhr mit dem Radl in den Park.

Es war schwer für sie, sich auf den Beinchen zu halten, und sie hasste es, dass ich sie anleinen musste, denn sie war blind. Noch vor zwei Jahren waren Leine und Geschirr Fremdgegenstände für sie! Ich beteuerte ihr immer wieder, dass sie ohne Leine gegen jeden Baum läuft. Eines Tages geschah ein kleines Wunder: Meine Süße und ich gingen im Park an einer Kirche spazieren. Immer wieder zog sie mich zur Kirche hin und wollte hinein, das Portal war offen, aber ich wusste das Hunde nicht in den Kirchenraum dürfen. Nach einigem Zögern hab' ich mich hineingetraut und ein Bauchgefühl sagte mir das ich für sie beten soll; von da an konnte meine *alle-Entzückende* wieder ohne Leine laufen, nein sie konnte nicht sehen, aber viel besser schnüffeln!

Nur allmählich wurde mir bewusst, dass jetzt jede Minute mit meinem Mädchen ein Geschenk für mich wird.

Trotz aller Gebete-Mühen und Medikamente ging es meiner Maus zusehends schlechter.

Die Signale wurden immer schwächer.

In dieser Zeit habe ich alle Termine abgesagt, wenn ich glaubte sie schläft fest, verließ ich meine Wohnung zum Einkaufen. Oft hat sie dann doch gemerkt, dass ich fort war und bellte so lange bis ich wieder da war. Schon auf der Straße konnte ich ihr angstvolles Stimmchen hören.

Nach einem leckeren Trösterchen konnte ich sie beruhigen und dann ging es wieder ab – in den Park

Wenn es ein Wort für Tapferkeit im Lexikon gibt – müsste es Bienchen heißen.

In einem Moment eilte sie von Baum zu Baum, begierig zu wissen, welche Hundenachrichten es zu lesen gab, im anderen knickten ihre Beinchen ein und sie musste sich hinlegen.

Die Zeiten, an denen sie Spazierengehen konnte, wurden immer kürzer, die Stunden, in denen sie schlief, immer länger, ihre Äuglein immer trauriger … Obwohl sie immer sehr gerne gefuttert hat, rührte sie ihr Lieblingsfutter nicht an, auch das beste Wasser blieb ungetrunken – allmählich begriff ich:

Mein Engel will heim!

Eines Tages kam dann der Engel, der sie zur Regenbogenbrücke begleiten wollte.

Bienchen ging es in der Nacht sehr schlecht, sie atmete schwer und schrie, unruhig lief sie in der Wohnung umher. Ich nahm sie in die Arme und tröstete sie, damit sie sich entspannt, gab ich ihr Bachblüten-Notfalltropfen. Sofort schlief sie ein. Gegen Morgen wurde sie wieder wach, sie schrie furchtbar ihr kleines Bäuchlein war sehr dick und ich habe sie noch nie so schwach erlebt … Ich konnte nicht glauben, dass sie ausgerechnet heute sterben wird, an jedem anderen Tag, aber nicht heute!!!

Verzweifelt rief ich meinen Sohn an, Gott-sei-Dank, er konnte kommen. Zehn Minuten später war er da, und versuchte mich und Bienchen zu trösten. Plötzlich bekam Bienchen einen epileptischen Anfall, wir riefen den Tierarzt an, der auch sehr schnell kam. Obwohl ich meine Hoffnung nicht aufgeben wollte, wusste ich tief im Herzen:

Der Todesengel wird keinen Engel holen –und Bienchen ist ein Engel

Schweren Herzens wusste ich: Der Tierarzt muss ihr helfen. Ich hatte eine furchtbare Angst, bei einigen anderen Tieren hatte ich „Sterbehilfe" in böser Erinnerung.

Wieder ging der Tierarzt sehr vorsichtig und sensibel auf mich und Bienchen ein und versicherte mir: «Keine Angst, dein Engel wird von selbst über die Regenbogenbrücke fliegen!»
Die darauffolgenden Augenblicke werde ich nie vergessen:
Ich nahm Bienchen in meine Arme, immer und immer wieder sagte ich ihr: «Du bist das Schönste, Beste, Wundervollste was Gott mir geschenkt hat!»
Sanft schlief sie in meinen Armen ein ...
Wir betteten sie auf ein schön geschmücktes Lager zusammen mit einem Shirt von mir und einer edlen Brokatdecke, wie es sich für Könige gehört. Noch Stunden danach schaute ich wieder und wieder auf das Lager ... vielleicht wacht sie doch wieder auf ...

Inzwischen kamen meine anderen Kinder, um ihr Familienmitglied in die neue Wohnung zu begleiten:
Eine behagliche Erdgruft, so wie es sich für Könige gehört ...
Es waren wunderbare 18 Jahre, die sie mit mir geschenkt hat ich vermisse sie so. Wie schön war doch dann das Gedicht das ich lesen durfte:
Ich bin nicht fort, ich wechsle nur die Räume
ich bin bei dir und bin in deinen Träumen:
Bienchen und ich saßen wieder auf unserem alten Sofa, sie war wieder jung und wuselig, sprang auf meinen Schoß, kletterte auf meine Schulter, freute sich und gab mir ein Hundeküsschen nach dem anderen... Es war alles so real, es war so, als wollte sie sich bei mir bedanken.
Als ich aufwachte, war mir so, als wäre sie noch da ... wenn sie frech bellt und dabei: Runter vom Bett will, wieder rauf auf das Bett will,
ihr Futter fünf Minuten zu spät kommt,
das Wasser im Napf nicht frisch ist,
ein Telefongespräch kommt, während sie doch in den Park will, sich weigert in den Park zu gehen, weil es draußen regnet, dauerbellt, weil ihr langweilig ist,
ich nicht früh genug zu ihr zum Schlafen komme ...

Ich vermisse ihre süßen Launen, den Trost den sie mir spendete, wenn ich traurig war, ihre Wärme und Ruhe, wenn sie nachts bei mir schlief. Sie war kein Hund, sie ist ... ein Engel

Unsere Geschichten handeln ausnahmslos von Erlebnissen aus dem Umfeld von Hund und Halter. Alle Geschichten? Nein, nicht alle, denn in der folgenden spannenden Kurzgeschichte geht es mal nicht um das tägliche Leben, die täglichen Erlebnisse unserer Fellnasen, sondern um einen knochenharten Krimi aus dem Milieu. Ein Privatdetektiv auf der Suche nach einem gefährlichen Pitbull Terrier, im Umfeld von Zuchtstationen und Hundekämpfen, auf dem Weg zu einem hoffentlich guten Ende.

Pitbullcrime – Wer ist hier das Opfer?

(Bild & Text: Jessica Rösler)

«Sind Sie David Czerwinski, der Privatdetektiv?» Die alte Holztür knarzte und eine junge Frau mit dunkelblonden Locken, platzte in Davids Büro herein. Wie unhöflich, schoss es ihm durch den Kopf. Bei allem Verständnis gegenüber seinen Mandanten, die meist in einer misslichen Lage steckten, erhob David Czerwinski stets Anspruch auf Anstand.

«Gute Frau, wenn Sie nicht so ungeduldig gewesen wären, hier einzutreten, hätten Sie bestimmt das Schild draußen wahrgenommen, auf dem mein Name steht. Aber ja, der bin ich. Was kann ich für Sie tun?» Am liebsten hätte er der Dame nach dem Auftritt gesagt, dass er keine Zeit hätte, aber die Aufträge waren momentan rar und das Geld konnte gut gebrauchen. Leicht verärgert wies er der in Jeans und Parka bekleideten Frau den rostroten Sessel zu, der quer vor seinem Schreibtisch stand. Etwas verlegen, aber dafür entschlossen, machte die Frau die Tür zu, ignorierte die Sitzeinladung und stellte sich direkt vor seinen Schreibtisch.

«Sie müssen meinen Hund finden. Er wurde gestohlen.» «Ist das nicht etwas für die Polizei?», mutmaßte David. «Da war ich schon, aber die können mir nicht helfen», seufzte sie und nahm nun doch Platz. «Wissen Sie, ich habe Spike erst vor drei Monaten aus dem Tierheim geholt, in dem ich auch arbeite. Ich kenne seine Geschichte und ich habe Angst, dass ihm etwas Schlimmes passieren könnte. Er wurde beschlagnahmt wegen illegaler Haltung, denn er ist ein Pitbull Terrier Mischling.» «Soso, ein Kampfhund. Das sind doch diese aggressiven Hunde mit einer Kiefersperre, oder?» Ach, was erzählen Sie denn für einen Schwachsinn? Das sind Hunde wie andere auch, die Rasse wird aber von Arschlöchern bevorzugt oft missbraucht als Statussymbol oder tatsächlich in Hundekämpfen. Sie werden nicht gefährlich geboren, sie werden gefährlich gequält!

Die Tiere sind die Opfer, verstehen Sie? Jetzt seien Sie nicht so ein vorurteilsvernebelter Ignorant! Ich mache mir große Sorgen um meinen Hund und ich habe von einer Polizistin den Tipp bekommen, dass Sie mir vielleicht weiterhelfen können. Sie hätten den Ruf als „Detektiv der Gerechtigkeit". Und hier ist ein Unrecht passiert!» Die Frau atmete tief durch, bevor sie weitersprach. David entging nicht, dass in ihrer Wut eine gewisse Verzweiflung mitschwang.

«Die Herren des Gesetzes haben mich nach meiner Anzeige lediglich an Tasso verwiesen. Sie wollten meinen Verdacht gar nicht wirklich hören. Hunde, und vor allem sogenannte Kampfhunde, sind leider nicht an oberster Stelle bei denen, vor allem nicht bei dem Personalstand, wurde mir erklärt. Sie sind meine letzte Chance ...»

David spürte, dass die junge Frau den Tränen nahe war und stellte fest, dass sie ihm mit ihrer forschen Art irgendwie gefiel. Außerdem pikste es ihn, dass sie ihn einen Ignoranten genannt hatte. Ihn, David Czerwinski, der Zeit seines Lebens als gerechtigkeitsliebend betitelt worden war, und auf seine hohe ethische Gesinnung stolz war. Er war zwar nicht sonderlich angetan von Kampfhunden, eigentlich hatte er sogar sehr viel Angst vor ihnen, aber er war in letzter Zeit zu knapp bei Kasse, als dass er Nein sagen könnte. Außerdem fühlte er sich geschmeichelt, dass die Polizei ihn empfahl. Seine anfängliche Verärgerung löste sich in Luft auf. Nun wollte er den Auftrag. «Dann erzählen Sie mal, was passiert ist. Wie heißen Sie überhaupt?» «Sabine Krüger. Spike wurde gestohlen, als mein Freund mit ihm spazieren ging, und ihn kurz vor einem Geschäft anband. Als er wieder aus dem Supermarkt kam, war Spike weg. Ich werde das Gefühl nicht los, dass sein Ex-Besitzer Vitali Kolesnikov etwas mit seinem Verschwinden zu tun hat, aber die Polizei hat den Fall bereits geschlossen. Keine Indizien, keine Zeit, nur ein Hund. Deswegen möchte ich, dass Sie ermitteln. Ich will meinen Spike wiederhaben. Er gehört zu mir!» Den letzten Satz schluchzte Sabine Krüger.

David räusperte sich, kramte in seiner Jeanstasche und gab ihr schließlich ein Taschentuch, was schon blau verfärbt in der zerknüllten Plastikverpackung auf seinen Einsatz gewartet hatte. «Nun gut, Frau Krüger. Wenn ich den Auftrag annehme, dann müsste ich zunächst mit ihrem Freund sprechen. Wann wäre das möglich?» «Heißt das, dass Sie mir helfen?» David nickte. Sabine Krügers Augen begannen zu leuchten und mit vollem Elan sprang sie aus dem Sessel.» Sie können mich gerne direkt nach Hause begleiten. Michael müsste da sein. Wissen Sie, ich bin zwar noch nicht lange mit ihm zusammen, aber er ist so ein tierlieber Mensch, er macht sich solche Vorwürfe und möchte mich nicht alleine lassen.» Auf der Fahrt zu Sabines Wohnung erzählte sie ihm, wie sie ihren Freund erst vor etwa einem Monat im Park auf einem Spaziergang kennenlernte. Er hatte sie wegen Spike angesprochen und sich als Hundefan geoutet, der sich wegen seiner zeitlich intensiven Außendiensttätigkeit in der Transportbranche, wie er es ausdrückte, keinen eigenen Hund anschaffen konnte. Sabine schwärmte geradezu von Michael und David merkte, wie verliebt sie war, und wunderte sich über sich selbst, dass ihn das irgendwie störte.

Sie erreichten ein älteres Bruchsteinhaus am Stadtpark, in dem Sabine ihre Wohnung hatte. Sie schloss die rot lackierte Eingangstür auf und rief: «Michael, ich habe jemanden mitgebracht, der mit dir wegen Spike sprechen will!» Ein Mann mit zerzaustem, braunem Haar erschien im Türrahmen. David staunte nicht schlecht, als er in ihm seinen kleinen Bruder erkannte, den er seit sechs Jahren nicht mehr gesehen hatte.

Es war Michael, der, ganz anders als er, damals in die kriminelle Szene abgerutscht war. Betrügereien, Diebstähle, Drogengeschäfte. Ihre letzte Begegnung war auf dem Polizeirevier Mitte gewesen, als er seinen Bruder höchstpersönlich wegen Drogenbesitz anzeigte, weil der noch zu Hause wohnhaft, ihre Mutter beinahe mit in diese Geschäfte hineingezogen hätte. Aber das war eine andere Geschichte. Jedenfalls läuteten seine Alarmglocken wie verrückt. «Das ist David Czerwinski, Privatdetektiv. Ich habe ihn gebeten, die Sache in die Hand zu nehmen. Und das ist Michael Keil, mein Freund», erklärte Sabine, die die Anspannung ihres Freundes nicht zu bemerken schien. Michael stand wie festgewachsen noch immer im Türrahmen und blickte David mit großen Augen an, bevor er sich aus seiner Position löste und David die Hand zur Begrüßung reichte. «Guten Abend, ich bin Michael. Danke, dass Sie uns helfen möchten.» Sein Bruder wollte also so tun, als würden sie sich nicht kennen. Das war verdächtig, dachte sich David, beschloss aber, dieses Spiel vorläufig mitzuspielen. «Hallo Herr Keil, ich würde Ihnen gerne ein paar Fragen stellen.» Sie setzten sich ins Wohnzimmer an den Esstisch und David hörte schweigend zu, während sein Bruder ihm das erzählte, was er ohnehin bereits von Sabine wusste. David fiel auf, dass Michael die meiste Zeit die Arme verschränkte und an ihm vorbeischaute. Das hatte er schon immer gemacht, wenn er log. In Davids Kopf ratterte es. Was zur Hölle hatte sein Bruder mit dem Diebstahl des Hundes zu schaffen? Keine Sekunde zweifelte er daran, dass sein Bruder in die Sache verwickelt war. Nach etwa einer halben Stunde verabschiedete er sich, nahm in seinem Wagen Platz und wartete. Er wusste nicht, ob es passieren würde, aber tatsächlich dauerte es nicht lange und Michael kam heraus, schaute sich um, entdeckte ihn und setzte sich schließlich zu ihm ins Auto.

«Lange nicht gesehen, mein Bruder. Wie kommt es, dass ich dich im Rahmen einer Ermittlung antreffe und du nicht mehr so heißt, wie du heißt?» «Reiner Zufall, würde ich sagen und der Rest geht dich nichts an», erwiderte Michael kurz angebunden und schaute seinen großen Bruder finster an. David lachte. «Mach mir nichts vor Micha. Ich kenne dich. Was hast du damit zu tun und warum trägst du einen anderen Namen?» «Nichts. Und noch nie davon gehört, dass man Geburtsurkunden fälschen kann?», erwiderte Michael und grinste hämisch. «Und ich sage dir nur eines und das sage ich dir nur, weil du mein Bruder bist ... Halte dich besser raus, das ist eine Nummer zu groß für dich kleiner Möchtegernbulle. Auch, wenn unsere Berufswahl uns zu Feinden macht, heißt das noch lange nicht, dass ich will, dass dir etwas passiert. Das wird es aber, wenn du dich in meine Angelegenheiten einmischst. Da kann ich nichts dran ändern. Also lass dir etwas einfallen, um Sabine klar zu machen, dass die Ermittlungen ins Leere laufen und du ihr doch nicht helfen kannst. Der Hund ist weg und so bleibt es auch. Ich hoffe für dich, dass du das verstanden hast.» Ohne Davids Antwort abzuwarten, stieg er aus und ging wieder ins Haus.

In David brodelte es. Er war stinksauer. Sein kleiner Bruder hatte sich tatsächlich getraut, ihm zu drohen, und war anscheinend seit ihrem letzten Zusammentreffen noch tiefer in die kriminelle Szene gerutscht. Michael hatte sich in den letzten sechs Jahren verändert, und das nicht positiv. Er musste herausfinden, worin sein Bruder verwickelt war. Warnung hin oder her. Denn trotz seiner Wut auf ihn meldete sich seine brüderliche Sorge und sein Spürsinn war geweckt. Hier stank etwas ganz mächtig zum Himmel. Er startete den Wagen, fuhr los und bog gerade um die Straßenecke, als er im Rückspiegel Michael wahrnahm, der eilig über die Straße in Richtung Stadtpark huschte. David fackelte nicht lange und beschloss spontan, die Verfolgung aufzunehmen. Seine Spürnase hatte ihn noch nie im Stich gelassen. Er packte seine Minikamera, parkte am Straßenrand und folgte seinem Bruder in den Park. Wohin wollte er? Der Park war um neun Uhr abends totenstill. David hielt sich im buschigen Dickicht auf. Er musste vorsichtig sein, damit er sich nicht durch knackende Äste verriet. Michael schien wirklich zu glauben, dass er ihn mit seiner Drohung eingeschüchtert hätte. Er schaute sich zwar hin und wieder um, aber zum einen war das Licht der Laternen zu schwach, um ins Unterholz zu leuchten und zum anderen fühlte er sich offensichtlich sicher. Das war typisch für seinen Bruder. Pure Selbstüberschätzung in Folge einer falschen Arroganz, die sich im Laufe ihrer gemeinsamen Kindheit aus Trotz ihm gegenüber gebildet hatte, weil er Michael schon immer in vielen Dingen überlegen war. Schließlich blieb Michael auf einem kleinen Platz, mit einer Sitzgruppe aus Stein, stehen und schien auf etwas oder Jemanden zu warten. David zückte erwartungsvoll seine Videokamera und brachte sich in Stellung. Er musste ganze fünf Minuten verharren, aber dann erschien ein kräftiger Mann mit dunklem Trainingsanzug und langen, strähnigen schwarzen Haaren und lief eilig auf Michael zu. «Was war so wichtig, dass du die Frechheit besitzt, mich hierin zu bestellen wie einen räudigen Köter?»

«Es tut mir leid, Vitali, aber ich glaube, es wäre besser, wenn wir das Game verschieben. Ich habe die Tussi unterschätzt. Die Bullen sind nicht drauf eingestiegen, genauso, wie du gesagt hast, aber Sabine hat einen Detektiv beauftragt. Wer konnte denn ahnen, dass die an dem Vieh nach drei Monaten schon so hängt? Ich habe mir den Kerl schon zur Brust genommen. Ich denke, dass er uns nicht in die Quere kommen wird, aber falls er doch rumschnüffeln sollte, wäre es vielleicht klüger, wenn er nichts finden würde, bis sich die Sache beruhigt hat.»

«Was meinst du eigentlich, wer du bist, dass du hier die Befehle gibst?», raunte der Mann. «Der Kampf findet statt! Die Wetten stehen schon längst und du wirst verdammt noch mal dafür sorgen, dass uns kein Schnüffler in die Quere kommt, ansonsten wirst du dafür büßen. Ist das klar?» Damit war das Gespräch beendet, denn Vitali machte auf dem Absatz kehrt und ließ Michael wie einen Trottel stehen. David hatte alles aufgezeichnet. Jetzt wurde ihm einiges klar. Vitali musste der Ex-Besitzer von Spike sein und es ging offensichtlich um Hundekämpfe. Dass es diese Szene im Jahr 2016 allerdings noch mitten in Deutschland gab, war David neu. Seitens der Regierung hieß es, dass das Kampfhundproblem schon seit Jahren gelöst war. Zumindest hatte er das so aus der Presse in Erinnerung. Michael machte sich auf den Rückweg. Er ließ den Kopf hängen. Mit so einer Ansage hatte er wohl nicht gerechnet. David fragte sich, was seinem Bruder geschehen würde, sollte er weiter an dem Fall dranbleiben und merkte, wie sich ein alter Konflikt öffnete und sein Herz bluten ließ. Seit Michael sich im zarten Alter von sechzehn Jahren für die „dunkle Seite" entschieden hatte, saß David zwischen zwei Stühlen: Familie und Gerechtigkeit. Wenn er seinen Job machte, und den Fall aufklären würde, dann käme sein Bruder bestimmt für einige Zeit in den Knast. Wenn er ihn nicht aufklären könnte, aber beim Ermitteln entdeckt würde, wären sie wahrscheinlich beide dran und müssten büßen, was immer das auch bedeutete. Er seufzte. Wenn er gar nichts machen würde, dann würde er gegen seine ureigenen Prinzipien verstoßen und sich selbst und die Gerechtigkeit verraten und seine Mandantin noch dazu. Davids Kopf rumorte. Was sollte er tun?

Nachdem im Park alles wieder ruhig war, machte David sich auf den Weg nach Hause. Die halbe Nacht lag er wach und grübelte. Wie würde Sabine reagieren, wenn er ihr das Video zeigte? Würde sie vor lauter Verliebtheit die Wahrheit boykottieren wollen? Das war ein Risiko für die Aufklärung des Falles. Andererseits, dachte David, liebte sie auch ihren Hund und hatte sogar seine Dienste in Anspruch genommen und die waren nicht gerade günstig. Und dann war da noch die Polizei. Würde sie einschreiten und den Fall übernehmen, wenn er ihnen das Video zeigte? Aber was würde dann mit seinem Bruder geschehen? David schlief über die vielen Fragen in seinem Kopf ein. Die Antwort überraschte ihn am nächsten Morgen, als sein Handy klingelte und ihn aus dem Schlaf riss.

«Guten Morgen, hier ist Sabine Krüger. Herr Czerwinski, entschuldigen Sie, dass ich störe, aber Michael ist weg!», schluchzte sie ins Telefon.

«Frau Krüger, beruhigen Sie sich. Wie, er ist weg? Was ist passiert?»

«Er war gestern Abend nochmal kurz weg, Zigaretten holen, hatte er gesagt, und als er wiederkam, war er plötzlich total verändert. Wir haben uns gestritten. Er machte mir Vorwürfe, weil ich Sie geholt habe, um Spike wiederzubekommen. Er wollte, dass ich Sie wieder abbestelle, weil er sich durch Sie wie ein Verdächtiger vorkam. Am Ende drehte er es so, als würde ich ihn für den Schuldigen halten, nur, weil ich Sie beauftragt habe. Ich habe versucht, ihm das auszureden und gesagt, dass ich möchte, dass Sie ermitteln, weil ich Angst um Spike habe, aber plötzlich hat ihn Spike nicht mehr interessiert. Und heute Morgen war er auf einmal weg und hinterließ mir nur einen Zettel, auf dem stand, dass es besser wäre, wenn ich ihn vergessen würde. Ich verstehe das nicht.» David hörte sie weinen und spürte ihre Fassungslosigkeit. «Hören Sie Frau Krüger. Ich kann Ihnen das erklären, aber nicht telefonisch. Atmen Sie tief durch und kommen Sie gleich in mein Büro. Ich möchte Ihnen etwas zeigen.»

Sämtliche Fragen der vergangenen Nacht waren für ihn mit einem Schlag beantwortet. Nun war klar, was er tun würde. Nämlich dem Pfad der Gerechtigkeit folgen. Er machte sich auf den Weg ins Büro. Als Sabine eintraf, erzählte er ihr alles. Er beichtete, dass Michael sein krimineller Bruder war, dass er eine Drohung von ihm erhalten hatte und zeigte ihr das Video. «Ich vermute, so leid mir das für Sie tut, dass Michael sie nur wegen Spike im Park angesprochen hat, um ihr Vertrauen zu gewinnen. Sie hatten Recht mit ihrem Gefühl. Vitali Kolesnikov ist anscheinend nicht nur ein illegaler Halter, sondern auch in die Organisation von Hundekämpfen verstrickt. Hat mein Bruder vielleicht irgendwann erwähnt, was er genau für eine Außendiensttätigkeit macht und für wen?»

«Ich weiß nicht genau, er hat erwähnt, dass er oft unterwegs ist und für eine Firma, die ihren Sitz auf einem alten Bauernhof mitten im Wald hat, arbeitet. Aber wo genau hat mich ehrlich gesagt auch nicht interessiert. Ich war so naiv.»

«Machen Sie sich keine Vorwürfe. Das hätte jedem passieren können. Ich bin mir sicher, dass sich die Kämpfe auf dem Bauernhof abspielen. Abgelegen, keine Nachbarn, viel Platz für Hunde, der perfekte Ort. Jetzt müssen wir nur noch herausfinden, wo der Hof ist.»

«Ich könnte Hermann anrufen, den Mann meiner Chefin», sagte Sabine. «Er war früher Forstwirt und weiß vielleicht, wo es in der Nähe so einen alten Bauernhof gibt.»

Der ehemalige Forstwirt wusste es und berichtete dem Detektiv von dem alten Hof der Familie Schneider, der vor einem Jahrzehnt aufgegeben worden war und seither vor sich hin verrottete.

Der Bauernhof lag etwa eine Stunde von der Stadt entfernt in einem Waldstück, was von Feldern umgeben war. David parkte seinen Wagen unter einer Tanne mit tiefhängenden Ästen. Den Rest des Weges legten er und Sabine zu Fuß zurück. Nach einer Viertelstunde hörten sie in der Ferne Hundegebell und sahen ein altes Fachwerkhaus mit Scheune auf einer Lichtung. Es gab keinen Zweifel mehr, hier waren sie richtig. Sie schlichen zur Scheune, in der die Hunde sein mussten und entdeckten eine Ritze zwischen den alten Holzplanken. Sabine spähte hindurch und erschrocken hielt sie sich die Hand vor den Mund, damit sie nicht schrie.

«Ich fasse es nicht», flüsterte sie David zu, «da drin sind bestimmt über sechzig Hunde in heruntergekommenen Zwingern. Manche bewegen sich nicht mehr, andere sind blutverschmiert.» Ihr stiegen Tränen in die Augen. David bekam es derweil mit der Angst zu tun. So viele Kampfhunde auf einem Haufen. Er schluckte.

«Wir müssen die Polizei hinzuziehen. Es könnte jemand im Haus sein. Kommen Sie, wir müssen zum Auto zurück. Das ist ein Fall für die Kripo.»

Leise gingen sie zum Auto zurück und David telefonierte mit der Polizei, die nach seiner Schilderung endlich bereit war, dem Ganzen auf den Grund zu gehen und die Kripo zu alarmieren. Sabine rief ihre Chefin an, damit diese ihre Kollegen schickte, um die Tiere abtransportieren zu können. Die Beamten trafen mit einem Veterinär im Schlepptau ein, Sabines Kollegen vom Tierschutzverein mit mehreren Transportboxen. Die Polizisten klopften zunächst am Eingang des Haupthauses und tatsächlich öffnete jemand die Tür. Es war niemand anderes, als Michael, der die Ordnungshüter überrascht anstarrte. «Guten Tag, Kriminalpolizei. Sie sind vorläufig wegen Diebstahl eines Hundes und dem Verdacht, illegal Hundekämpfe zu betreiben, festgenommen. Befinden sich noch andere Personen im Haus?»

Bevor Michael antworten konnte, tönte eine raue Männerstimme aus dem Gebäude.

«Was ist los Micha, wer ist da?»

Vitali Kolesnikov erschien hinter Michael in der Tür und glotzte genauso überrascht die Polizisten an. Dann ging alles sehr schnell. Vitali und Michael rannten ins Haus und versuchten über den Hintereingang zu fliehen, doch die Kommissare überwältigten sie, noch bevor sie das Grundstück ins rettende Dickicht des Waldes verlassen konnten. Währenddessen begaben sich Sabine mit ihren Kollegen zur Scheune, aus der das Gekläffe, gepaart mit Herz zerreißendem Gejaule, zu hören war. David blieb zunächst im Hintergrund und kämpfte mit seiner Angst. Was, wenn einer der Köter angreifen würde?

«Herr Czerwinski, kommen Sie bitte, wir brauchen hier ihre Hilfe», rief ihm Sabine zu und langsam näherte er sich dem Scheunentor.

Das Bild, was sich ihm bot, traf ihn mitten ins Herz.

Zwischen den kläffenden Hunden, die wie verrückt in den Zwingern hin und herliefen, lagen verweste Tiere und Hunde, die kurz vor dem Tod standen. Der Gestank war kaum zu ertragen. Es roch nach Exkrementen, Blut und Verwesung.

Die Hunde hatten fast allesamt tiefe, klaffende Wunden und waren blutverschmiert. Ein gestromter Pitbull war geradezu durchlöchert von Bissen und das Fleisch war ihm buchstäblich von den Knochen gezogen worden. Er lag im Sterben, denn eine große Blutlache breitete sich um seinen schwachen Leib aus. Ein weißer Hund lag abgemagert auf einem verfaulten Strohballen. Sein kleiner Körper war deformiert, denn eine rostige Kette hatte sich bereits in sein Fleisch gefressen. Und mittendrin sah er Sabine heulend bei einem schwarz-weißen Hund kauern.

Das musste Spike sein. Immer noch schockiert und ängstlich ging er zu ihr und bemerkte, dass rund um ihn herum kein einziger Hund versuchte, die Tierschützer anzugreifen. Ganz im Gegenteil hatte er den Eindruck, dass die Tiere dankbar waren, dass nun Menschen da waren, die sie befreiten. Sie ließen sich anfassen und folgten den Leuten bereitwillig in die Transportboxen, als wüssten sie, dass ihnen nun geholfen würde.

«Ist das Spike? Fehlt ihm etwas?»

«Ja, das ist er und ihm ist Gott sei Dank nichts passiert. Er ist nur blutverschmiert. Er sollte wohl als Köder-Hund eingesetzt werden, denn er reagiert überhaupt nicht aggressiv auf seine Artgenossen.»

«Köder-Hund?», fragte David und überwand sich, sich neben Sabine und dem Hund niederzuknien.

«Hunde, die zu lieb sind und nicht kämpfen wollen. Die werden mit Blut eingeschmiert, um andere Hunde zum Angriff zu animieren», erklärte Sabine und schluchzte in Spikes Fell.

«Oh, mein Schatz, zum Glück ist dir nichts passiert.» Der Hund leckte ihre salzigen Tränen aus dem Gesicht und sein gesamtes Hinterteil wackelte, weil sein Schwanz vor Freude wedelte.

Tröstend legte David seinen Arm um Sabine, was Spike wohl als Aufforderung sah, seine Hand ebenfalls abzuschlecken und mit einem Mal merkte David, dass seine Angst wie weggeblasen war.

Das war kein aggressiver Kampfhund, dachte er, sondern einfach ein Hund, der in die Fänge krimineller Menschen geraten war. Menschen, die die Hunde quälen wollten, bis sie vor lauter Schmerz zu Tätern wurden.

«Kommen Sie, Sabine. Ich bringe Sie und Spike nach Hause. Es ist vorbei.»

«Ich bin Ihnen von Herzen dankbar, Herr Czerwinski. Sie sind wirklich ein Detektiv der Gerechtigkeit. Darf ich Sie als Dank auf einen Kaffee bei mir einladen?»

«Sehr gerne», antwortete David, lächelte und bemerkte, wie sein Herz anfing zu klopfen.

18 Autoren, 44 Geschichten, ein Ziel

Spaß, Freude und Unterhaltung für einen guten Zweck
Die Autoren stellen sich vor:

Katja Breuer: «Man, ich muss doch noch eine Vita schreiben …!», hat unser Katja-Mensch gesagt – aber dann waren wir doch wohl wichtiger (wie immer). Also stellen wir, die Tiere aus der Dorfstraße, sie mal vor: Sie meint immer, sie wäre zu' alt für so einen Sch… und weil Alter für uns sowieso keinerlei Bedeutung hat, belassen wir es dabei. Wir, das sind z.Zt. ca. 40 große, kleine, alte und junge Katzen, der Quotenhund bei uns, Belana, und die (Laufenten-)Damen Frau Heckler & Koch und Däumling. Katja arbeitet seit fast 20 Jahren für und mit uns im Tierschutz und am Gartentor hängt nicht nur ein Schild für die Katzenhilfe Itzehoe e.V., sondern auch eines, das besagt, sie kann uns gesundmachen – als Tierheilpraktikerin.
Wenn sie nicht so einen tollen Mann hätte, der sie in allem unterstützt (und uns auch manchmal füttert), ginge es uns alles hier nicht so prächtig!

Donata Godlewska, im Juni Monat des Krebses (22), Baujahr 1953 in Bytom auf diesem Planeten gelandet. Nach der Ausbildung zur Ballerinenmeisterin sattelte sie mit zwanzig Jahren auf einen pharmazeutischen Beruf um. Von dieser Zeit an begleiteten Hunde ihren Weg. Mit fünf Kindern ging es von Köln aus in die Eifel und es folgten Scheidung, neue Berufsausbildung (Karatetrainerin) und eine neue Liebe. Ein Schäfer eroberte das Herz und zehn Jahre Familienbetrieb formten das Leben und die Liebe zu Bienchen, der Hauptprotagonistin. Heute lebt sie in Münster bei ihren Kindern und das „Bienchen" ist mitgekommen.

Steffi Goldkuhle (47 Jahre) aus Koblenz – Gastautorin bei Iss'n Ruede

Alica Junker, 1988, ein abgebrochenes Veterinärstudium und darauf folgend das Lehramtsstudium absolviert («Wollt ich ja NIE werden!»), von Hunden wurde sie stets begleitet. Erst in kumpeliger Art von Labrador Retrievern, die bereits von den Eltern jagdlich geführt wurden, und nun von Freya, einer übernommenen Deutsch-Drahthaar Hündin und Lotte, dem Verlass-Beagle. Aktive Jägerin, vor allem aber junge und viel lernende Hundeführerin im Jagdgebrauchshundewesen, stets interessiert an allem, was man mit dem Hund so tun kann, ist sie auch aktive Cani-Cross-Sportlerin. Komplettiert wird das Trio von dem Mann in ihrem Leben, der natürlich auch Jäger ist und dessen Weimaraner-Teenager-Rüde die Damen stets auf Trab hält. Gemeinsam bestreiten sie Prüfungen, Jagden, Ausbildungs- und Weiterbildungstage zum Thema „Hund und Jagd".

Klarissa Klein wurde 1966 in Herne, Nordrhein-Westfalen, geboren. Seit ein paar Jahren lebt sie abwechselnd im Sauerland und in der Normandie.
Als Lektorin (http://www.klarissa-klein.com) hat sie bereits den ersten Teil von „Issn Rüde" mitbetreut, im zweiten Teil steuert sie eine Kurzgeschichte als Autorin bei. Ihre drei Hunde, die sie aus dem Tierschutz übernommen hat, sowie einem roten Kater, bieten ihr ausreichend Stoff – mal vergnüglich, mal nachdenklich – für ihren Blog „Frau Kleins Sicht der Dinge".

Horst Knoblich, so heiße ich seit meiner Geburt. Das war im März `57. Seitdem sind zwei Boxer und ein Amerikanisch-Canadischer Schäferhund durch mein Leben getrottet – etliche andere Haustiere gleich mit. Seit März 2015 bespasse ich unseren ‚neuen' weißen Schäfer Louis (oder er mich). Wie ich zum Schreiben gekommen bin? Als Auftragsarbeit sollte ich ein Reisetagebuch nach Erzählungen niederschreiben. Der Beginn einer Leidenschaft, der ich nunmehr seit über fünfundzwanzig Jahren nachgehe. Später schrieb ich Kurzgeschichten über unseren Hund Leo und was mir sonst noch in den Sinn kam und übernahm schließlich das Amt des Pressewartes mit monatlicher Kolumne in unserem Verein.

Katrin Kränzler ist mein Name und ich bin 48 Jahre alt, Ehefrau und Mutter von 3 Söhnen. In Tiere war ich mein ganzes Leben lang vernarrt und lernte den Beruf der Tiermedizinischen Fachangestellten. Später wurde ich Tierpflegerin und Tierpflegemeisterin – meine Liebe zu Tieren wurde mein Beruf.

Inzwischen teilen mein Mann und ich das Haus mit 5 Nacktkatzen, einem Beagle „Peppi" und einem Chinese crested „Annayake". Zum Hobby Schreiben bin ich gekommen, als unsere Peppi sehr krank wurde und ich mir alles von der Seele schreiben wollte.

Antonietta Matteo, Neuanfänge ...

Beziehung, Heirat, Kinder. Scheidung, zeitgleich der Wiedereinstieg ins Berufsleben. Nochmal heiraten, arbeiten, erst Teilzeit, dann Vollzeit. War's das? Die Antwort darauf lautet eindeutig NEIN!

Überlegungen, wie schon so oft vorher ohne Erfolg, was du in Zukunft machen willst. Dann die Idee und der nächste Schritt ist 2015, dann die endgültige Kündigung, im Oktober Beginn der Ausbildung zum Hundetrainer, der Abschluss im August 2016 mit der Sachkundeprüfung vor unserem Veterinäramt.

Start in den neuen Beruf im Herbst 2016 und mit dem ersten eigenen Hund entstehen auch die Hundegeschichten, die aufgeschrieben werden wollen.

Yvonne Mohr – Ich bin Mutter von zwei Töchtern (sechs und elf Jahre) und Halterin von zwei Hündinnen. Nach zwanzig Jahren Erfahrung mit eigenen Hunden sowie meiner Arbeit für verschiedene Tierschutzorganisationen habe ich mich auf die Arbeit mit Hunden und Kindern spezialisiert. Hierzu habe ich eine Ausbildung zur Hundetrainerin/Hundeverhaltenstherapeutin absolviert. Durch diverse Praktika bei verschiedenen Hundetrainern und Hundeschulen und den Besuchen von Seminaren und Vorträgen, habe ich mein Fachwissen rund um den Hund vertiefen können. Außerdem habe ich über mehrere Monate einen Abendkurs im Bereich Pädagogik besucht sowie eine mehrmonatige Trainerweiterbildung zum Thema Hund und Kind gemacht. Fehlt nur noch der Hinweis auf meine Liebe zum Schreiben, u. a. als Gastautor von „Issn 'Rüde".

Paul Neuenhofer, geboren 1954 in Wesel, seit 1979 verheiratet und jetzt in Rente. War jahrelang in der Jugendarbeit tätig. Zuletzt als Ausbildungsberater in Wiesbaden. Mein erster Hund war ein Schäferhund und dann kamen wir auf den *Bouvier des Flandres.* Unser Aaron ist nun unser dritter Bouvier. Nach dem wir zwei Hündinnen hatten, Mutter und Tochter, haben wir uns von Aaron einwickeln lassen.

Petra Nier, Jahrgang 1970, Biologin, Anglistin, Pädagogin, Kauffrau, Trainerin – heute im Projektmanagement tätig. In einem recht unkonventionellen Leben begleitet von eigenen Hunden seit 1980, wurde ich Anfang der 90er zur Hund-Mensch-Team-Trainerin, um die Bewegung zur artgerechten Erziehung zu fördern. Dabei machte ich die Trainerlizenzen (BH und Agility), etabliertes angepasstes Training an Alter und Kondition, bildete Rettungshunde aus und bot Familienhund-Training an. Verhalten zu beobachten, zu analysieren und für Halter verständlich zu machen, wurde zu meinem wichtigsten Hobby. Daraus ergab sich der Wunsch nach dem Biologiestudium, welches ich mit einer eigenen Versuchsreihe über Lösungsverhalten bei Caniden abschloss. Parallel beschäftige ich mich mit Medizin, Homöopathie und Physiologie, um Mensch oder Hund bei Bedarf zu unterstützen. Heute begleiten mich zwei tschechoslowakische Wolfshunde.

Maximilian Pisacane, Jahrgang 1971, wuchs zwar mit Hunden auf, doch dann packte ihn während seines Studiums der Geschichte und Medienwissenschaft die Karriere. Über 20 Jahre arbeitete er als Journalist und Moderator für verschiedene Medien (u.a. Financial Times Deutschland, Capital, Börse Online, Handelsblatt, Spiegel Online etc.). In dieser Zeit hatte er zwar keinen eigenen Hund, aber viele Freunde und oft Lebensabschnittsgefährtinnen mit Hund. Doch nach 2 Burnouts tapste Rico in sein Leben. „Das änderte alles." Er schmiss seinen Job, um sich fortan Hunden zu widmen. „Weil wir von diesen wunderbaren Tieren wieder mehr Menschlichkeit lernen können!" Während seines Sabbaticals startete er seinen Hundeblog GASSIREPORT, in dem er mal aus Hunde-, mal aus Menschensicht die verschiedensten Themen anwufft. „Wir sollten den Hund weniger vermenschlichen, als die Menschen mehr verhundlichen." Heute arbeitet er als freier Journalist (u.a. mit einer regelmäßigen Kolumne im Hundemagazin WUFF) und berät Unternehmen bei ihrer Kommunikation und Strategie.

Jessica Rösler, geboren 1985 in Koblenz, Verwaltungsfachangestellte, Bloggerin bei Pitbullgirlblog, beschäftigt sich in ihrer Freizeit mit dem Schreiben und mit der sog. „Kampfhundthematik", seit sie 2012 in einem Tierheim ihr Herz an den American Staffordshire Terrier-Mix „Boomer" verloren hat und nach intensiver Recherche feststellen musste, dass es keine gefährlichen Hunde per Rasse gibt, sondern nur individuell gefährliche Hunde, die so wurden, weil sie unfähige Halter besaßen. Ein ehrenamtliches Engagement im Verein IG Gegen Rasselisten e.V. ließ dann nicht lange auf sich warten. Seither verbindet sie die Leidenschaft zum Schreiben mit der Liebe zu ihrem Hund und schreibt gegen den Rassismus in der Hundewelt an.

Jasmin Sachse, geboren 1991, wäre als Hund schon lange tot. Aktuell studiert sie Germanistik und tobt sich in ihrer Freizeit an ihrem Blog „Der fantastische Bud" aus. Wenn sie nicht gerade über Dackel redet, schreibt, sie, fotografiert oder sie malt, verbringt sie die Zeit mit ihren Dackeln. Die Dackel heißen Bud und Arya Lucy vom Haselbach und wurden im September 2014 geboren und spielen die Hauptrollen in den Geschichten ihres Frauchens. Buddy ist bekannt als ein fantastischer Superschurke, der sich am liebsten als Hobbybauingenieur dem Löcherbuddeln widmet. Lucy ist eine kleine Prinzessin und weiß genau, wie man den Dackelblick richtig einsetzt.

Herta Sartour (Jahrgang 1960) war früher als Korrespondentin, Lektorin, Korrektorin und Artikelschreiberin tätig, war lange Zeit in der örtlichen Literaturszene aktiv, schreibt sozialkritische Kurzgeschichten und ironische Gedichte (div. Veröffentlichungen).
Nach dem Tod ihrer treuen vierbeinigen Freundin entschied sie sich vor zweieinhalb Jahren erneut für einen Schäferhundmischling von Gran Canaria, erwischte einen äußerst wilden und gar nicht sozialisierten Rüden von damals knapp zwei Jahren, der sich also im besten Flegelalter befand.
Seitdem widmet sie sich mit großer Hingabe seiner Erziehung und hält lustige Erlebnisse mit ihm, Erfolge, vor allem aber auch die Rückschläge und Misserfolge in einem fast täglich erscheinenden Blog fest.

Silke Schön ist eigentlich Industriefachwirtin, jetzt aber Online-Redakteurin / Social Media Manager für verschiedene eigene und Kunden-Portale. Zudem ist sie zweifache Mutter (nur Jungs!) und hat mit Roxi ihren dritten Angsthund aus dem Tierschutz. Schreiben ist ihre Leidenschaft, für die wie immer zu wenig Zeit bleibt.

Burkhard Thom, seit Juli 2015 in Rente, vertreibt seine „Langeweile" mit Frau, Hund und Enkeln. Die verbleibende Freizeit verbringt er vor dem PC, verfasst Artikel für seinen Blog (www.Doggybag-Bergheim.de), „bastelt" an Buchideen (wie diesem hier) oder wirbt für seinen Ratgeber „Alkohol – Die Gefahr lauert überall!"
(Infos: www.Burkhard-Thom.de)

Sara Vucica, Jahrgang 1979, im Jahr 2005 wechselte meine berufliche Orientierung als Bauzeichnerin und ich verschrieb mich dem Training für Menschen mit Hunden. Im Jahr 2008 beendete ich mein laufendes Architekturstudium und arbeite seitdem hauptberuflich als Hundeerzieherin und Verhaltensberaterin IHK I BHV mit eigener Hundeschule in Moers. Mein eigener Hund Herr Sams schenkte mir bis April 2016 seine Gesellschaft und viele tolle Geschichten und Momente.

Nach zwei Jahren rein privatem Tierschutz entwickelte sich daraus etwas „Größeres" und so wurde der Verein mit Sitz in Schleswig-Holstein im Jahr 2013 gegründet.

Zusammen mit anderen Interessengemeinschaften liegt das Hauptaugenmerk heute auf der Unterstützung von obdachlosen Hunden in Hamburg.

Geholfen wird mit Futterspenden, damit möglichst viele Hunde über die Wintermonate kommen, und auch in den anderen Jahreszeiten nicht hungern müssen.

Teil der Arbeit ist die Unterstützung der Katzenhilfe e.V. mit Dingen des täglichen Lebens.

Letztlich können sich aber auch Privatpersonen an den Verein wenden, wenn sie in Not geraten sind, und die Bedürftigkeit nachgewiesen werden kann.

Website: www.sos-dog.de

IG GEGEN RASSELISTEN e.V.
www.gegenrasselisten.de

Die *IG Gegen Rasselisten e. V.* ist ein eingetragener, als gemeinnützig anerkannter Verein, der sich zum Ziel gesetzt hat, die rassespezifischen Hundegesetze abzuschaffen und im Gegenzug den Sachkundenachweis für alle Hundehalter – unabhängig von der Hunderasse – einzuführen.
Ziel ist es, den Fokus vom "gefährlichen Hund" auf den " Halter" zu lenken. Jeder Hund, egal welcher Rasse, kann bei verantwortungslosem Umgang durch den Halter zu einem gefährlichen Hund gemacht werden.
In Deutschland gibt es derzeit 16 (!) unterschiedliche Landeshundegesetze, die eine unbekümmerte Reise durch Deutschland erschweren.
Ziel des Vereins ist es, ein einheitliches Hundegesetz für Deutschland, nicht konzentriert auf Hunderassen, sondern auf den Halter. Ein Hundegesetz, basierend auf Sach- und Fachkenntnissen und nicht auf Vorurteilen und Diskriminierung einzelner Rassen.
Mehr Infos: www.gegenrasselisten.de

Best of

ISSN' RÜDE!

... und andere

Geschichten *

* 25 Kurzgeschichten für einen guten Zweck

Raus aus dem stressigen Alltag ...

... und Eintauchen in die bunte und aufregende Welt unserer vierbeinigen Lebenspartner.

Eine der beliebtesten Rubriken des erfolgreichen Hundemagazins im Internet, „Issn´Rüde" sind Hundegeschichten und Hundekolumnen. Die „Best of" und eigens geschriebene Storys von Gastautoren führen uns in eine unterhaltsame Welt von Hund und Besitzer.

Vom manchmal nervigen Jack Russel, über jagdbegeisterte Dackel und schwimmfreudige Retriever erleben Sie das Leben vieler unserer vierbeinigen Lebenspartner aus der Sicht von Herrchen, Frauchen, aber auch aus der Sicht der manchmal genervten Fellnasen. Heiter, besinnlich und immer wieder liebenswert geht die Reise quer durch das tägliche Leben.

Alle Beteiligten stellen sich in den Dienst des guten Zweckes und spenden den Reinerlös für einen wohltätigen Zweck.

TASSO e.V.

Coffee und die Herzstimme

Karolina Kupka   Viktoria Schumacher

AAVAA
VERLAG

Ein kleiner Hund namens Coffee und seine Freunde erzählen in diesem Buch von ihrem Leben. Sie zeigen uns Menschen, wie das Leben für uns und die Tiere auf dieser Erde schöner sein könnte, wenn wir weniger auf unsere Kopfstimme und mehr auf unsere Herzstimme hören würden.

Diese Geschichten von Coffee und seinen Freunden wird Besitzer von Tieren zum Schmunzeln bringen, weil sie ihre eigenen Erlebnisse mit ihren Tieren wiedererkennen und vielleicht am Ende der Geschichten ihre Tiere mit anderen Augen sehen werden.

Burkhard Thom

Die Gefahr lauert überall!

 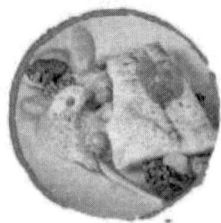

Mein Leben nach dem Suff und mein Verhalten nach dem Entzug

25 Lebensmittel-konzerne beschreiben ihre Inhaltstoffe
(In welchen Lebensmittel befindet sich Alkohol)

33 Gerichte eines Sternerestaurants ohne Alkohol

AAVAA
VERLAG

Bücher mit autobiographischen Lebensbeschreibungen gibt es viele am Markt. Dieses Buch richtet sich an das Umfeld der Betroffenen, an Menschen die mit Alkoholikern leben, hilft erste Anzeichen von Sucht oder Suchtgefahr zu erkennen und soll ein wenig Hilfe geben, bei der Bewältigung dieser Anzeichen.

Ob in den „Quengelzonen" im Supermarkt, an der Kasse in der Tankstelle, auf der Speisekarte im Nobel – Restaurant, überall versteckt sich der „Feind" Alkohol.

Du glaubst Du bist stark? Der Alkohol ist in jedem Fall stärker.

Ratschläge, Tipps, Warnungen und Verhaltensregeln aus der Sicht eines „trockenen Alkoholikers. Nicht mit erhobenem Zeigefinger, sondern mit sachlichen Tipps um die Gefahren zu erkennen.

„Ich kann keine Garantie übernehmen, dass der Inhalt des Buches aus der Sucht führt, aber wenn es gelingt, einigen wenigen die Rückkehr in ein normales Leben zu ermöglichen, dann hat sich der Aufwand gelohnt".

Fast alle im AAVAA Verlag erschienenen Bücher sind
in den Formaten Taschenbuch und
Taschenbuch mit extra großer Schrift
sowie als eBook erhältlich.

Bestellen Sie bequem und deutschlandweit
versandkostenfrei über unsere Website:

www.aavaa.de

Wir freuen uns auf Ihren Besuch und informieren Sie gern
über unser ständig wachsendes Sortiment.

www.aavaa-verlag.com